Der rote Kampfflieger

Manfred
Frhr. von Richthofen

Der rote Kampfflieger

Weltbild Verlag

ISBN 3-89350-060-X
Lizenzausgabe für Weltbild Verlag GmbH, Augsburg 1989,
mit freundlicher Genehmigung des ARNDT-Verlages, Kiel.

Druck und Bindearbeiten: Freiburger Graphische Betriebe
Gedruckt in Deutschland

Mein Bruder Manfred

von Bolko Freiherr von Richthofen

Mein Bruder Manfred

Immer wird der Mensch, selbst wenn ihm ein langes Leben beschieden ist, bis zu einem gewissen Grade ein Produkt seiner Herkunft und Erziehung bleiben. Wen aber ein unerbittliches Schicksal früh aus diesem Erdendasein abruft, in dessen Denken und Handeln wird das geistige und körperliche Erbteil seiner Eltern und weiteren Vorfahren, werden die Eindrücke seiner Kindheit und Jugendzeit unverkennbar in Erscheinung treten. Und so war es auch bei meinem geliebten Bruder, Manfred Freiherr von Richthofen, denn noch ehe er sein sechsundzwanzigstes Lebensjahr vollendet hatte, fand er den Heldentod. Wer sein Lebensbild zeichnen will, muß zurückgehen auf die Geschichte und die Art der Familie, der er entstammte, muß die Umgebung und die Menschen schildern, mit denen er aufwuchs, deren Anschauungen ihm geläufig wurden und in ihm die Eigenschaften seines Charakters entstehen ließen, die ihn dann in jungen Jahren befähigt haben, so Außerordentliches für Volk und Vaterland zu leisten.

Die Familie Richthofen nahm ihren Ursprung aus Bernau in der Mark, das einst größer war als Berlin, jetzt aber nur noch ein kleines Nachbarstädtchen der Reichshauptstadt ist. Daselbst war vom Jahre 1543 bis 1553 Sebastian Schmidt, selbst aus Koblenz gebürtig und einst in Wittenberg ein Schüler Luthers, lutherischer Diakonus. Dem Brauche der Zeit und seinem geistlichen Beruf gemäß latinisierte er seinen Namen und nannte sich Faber. Von ihm und seiner Gattin Barbara Below, einer Ratsherrentochter aus Berlin, stammt das Geschlecht. Aber vermutlich hätte es niemals einen immerhin nicht gewöhnlichen Aufstieg genommen, wäre nicht dem Pastor Sebastian Faber ein ungefähr gleichaltriger Freund gegeben gewesen, der zu den hervorragendsten Männern der Markgrafschaft Brandenburg gerechnet werden muß. Dies war Paulus Schultze oder Schultheiß, der der Schulzenfamilie von Bernau entstammte und dessen Vater und Großvater, Andreas und Thomas Schultze, schon nachweisbar vor Beginn des 16. Jahrhunderts Bürgermeister zu Bernau gewesen sind. Auch Paulus Schultze latinisierte seinen Namen, und so heißt er in der Geschichte der Mark Paulus Praetorius. Er war geboren zu Bernau am 24. Januar 1521 und starb in der Moritzburg bei Halle bereits am 16. Juni 1565 als kaiserlich und kurfürstlich brandenburgischer Rat, erzbischöflich Magdeburger und Halberstädter Geheimer

Kammerrat, Erblehnsherr und Gerichtsherr auf verschiedenen von ihm in seinem verhältnismäßig kurzen Leben erworbenen Besitzungen. Unter alten Bildern von ihm finden sich die Worte:

"Vir prudens et orator gravissimus",

zu deutsch:

"Ein kluger Mann und hervorragender Sprecher".

Und wahrhaftig, dieser Paulus Praetorius muß ein bedeutender und wohlstudierter Herr gewesen sein. Schon in jungen Jahren wurde er zum Informator der Markgrafen Friedrich und Sigismund von Brandenburg bestimmt, der Söhne des Kurfürsten Joachim II., die beide später Erzbischöfe zu Magdeburg wurden. Er gewann das Vertrauen seines kurfürstlichen Herrn im höchsten Maße, wurde in dessen engeren Rat berufen und zu den verschiedensten Missionen diplomatischer Art, insbesondere auch an den kaiserlichen Hof in Prag zu Ferdinand des Ersten Römischer Majestät gesandt. So kam es, daß der gleiche Kaiser Ferdiand I. Oculi 1561 ihm selbst und seinen Erben ein adliges Wappen verlieh, das dem Namen Praetorius entsprechend einen Prätor, d.h. einen auf einem Richterstuhl sitzenden, schwarzgekleideten Richter darstellt. Aber Paulus Praetorius hatte keine männlichen Erben, und so entschloß er sich, den 1543 zu Bernau geborenen Sohn seines Freundes Sebastian Faber, Samuel Faber, oder wie er von da an hieß, Samuel Praetorius an Kindes Statt anzunehmen. Ihm hinterließ Paulus Praetorius aber nicht nur sein neu erworbenes Wappenschild, sondern auch seine zwei-

Richthofens Staffel

fellos nicht unerheblichen Besitztümer. Auch Samuel Praetorius war ein gelehrter Mann, er siedelte nach Frankfurt an der Oder über und war daselbst Ratsherr, Stadtrichter und zuletzt Bürgermeister. Er starb 1605. Sein Sohn Tobias Praetorius (1576 bis 1644) vergrößerte das Vermögen der Familie und erwarb die ersten Güter in Schlesien, trat auch durch seine Ehe mit einer adligen Dame mehr und mehr aus dem Kreis gelehrten Patriziertums in den adligen Grundbesitzes über. Sein Sohn Johann Praetorius (1611-1664) übersiedelte ganz nach Schlesien und wurde durch Kaiser Leopold I. 1661 in den erblichen böhmischen Ritterstand unter Hinzufügung des Beinamens von Richthofen versetzt. Von diesem Johann Praetorius von Richthofen stammt die ganze heute noch blühende Familie Richthofen ab. Sie ist von der Mitte des 17. Jahrhunderts an überwiegend in Schlesien, insbesondere in den Kreisen Striegau, Jauer, Schweidnitz und Liegnitz angesessen gewesen und bis zum heutigen Tage geblieben. So sehr die Familie dem Römisch-Deutschen Kaiser zu Wien für alle ihr gewährte Hilfe und Auszeichnung dankbar war, der Ursprung aus der Mark Brandenburg lebte in ihr fort. Und als etwa ein Jahrhundert später Friedrich der Große Schlesien zu einer preußischen Provinz machte, schloß sich die Familie ausnahmslos dem neuen Herrscherhause an, das für sie ja ein altes war. Friedrich der Große belohnte diese Anhänglichkeit mit der am 6. November 1741 erfolgten Erhebung in den Freiherrnstand des Königreichs Preußen.

Der weit überwiegende Teil der Richthofenschen Familie ist seit den Tagen des Erwerbs des ersten schlesischen Gutes landwirtschaftlich tätig geblieben. Der Bewirtschaftung und Erhaltung ihrer ausgedehnten Besitzungen haben die Generationen ihre Arbeit gewidmet, das Gemeinwohl aber dabei durch die Betätigung in der Provinzialverwaltung Schlesiens nicht außer acht gelassen. Und in Krieg und Frieden haben die Angehörigen der Familie für die Verteidigung ihrer Provinz und des Königreichs ihre selbstverständliche Pflicht getan. Der General der Kavallerie, Manfred Freiherr von Richthofen, Pate meines Bruders, führte eine Armee im Weltkrieg. Aber dabei war doch in den Nachkommen der Ratsherren, Pastoren und Bürgermeister der Sinn für gelehrte Berufe keineswegs geschwunden. Und das Vorbild des Adoptivvaters Paulus Praetorius hat manches Mitglied der Familie in politische und diplomatische Berufe geführt. Den Juristen ist heute noch der Name des Deutschrechtlers und Ordinarius der Universität Berlin, Karl Freiherr von Richthofen, geläufig, eines Spezialisten auf dem Gebiete des altgermanischen und insbesondere friesischen Rechts. Und Ferdinand von Richthofens großes Ansehen als einer der ersten Geographen nicht nur Deutschlands, sondern der Welt ist auch jetzt, fast dreißig Jahre nach seinem Tode, unverändert geblieben, der Name dieses unerreichten Chinaforschers lebt heute noch in den von ihm bereisten und nach ihm benannten Gebirgen und Flüssen fort. Aber auch auf die politische Gestaltung der Geschichte unseres Vaterlandes haben bis in die allerneueste Zeit vielfach Mitglieder der

Familie einen nicht unerheblichen Einfluß genommen. So der langjährige Preußische Staatsminister und Staatssekretär des Auswärtigen Amtes zu Zeiten der Kanzlerschaft des Fürsten Bülow, Oswald Freiherr von Richthofen, und in der Nationalversammlung zu Weimar wie in den Vor- und Nachkriegsreichstagen die Freiherren Karl, Ernst, Hartmann und Praetorius von Richthofen.

Unsere nähere Familie hat sich in den vergangenen Jahrhunderten von dem Werdegang der anderen Linien – die Trennung der einzelnen Zweige erfolgte zu Beginn des 18. Jahrhunderts – nicht irgendwie wesentlich unterschieden. Auch unsere Vorfahren saßen auf den erworbenen und ererbten Gütern. Ihre Gattinnen holten sie sich überwiegend aus dem schlesischen Adel, wie aus den Familien von Reibniz, von Heintze-Weißenrode und von Lüttwitz. Unsere Urgroßmutter war eine 1808 zu Dessau geborene Thecla von Berenhorst. Diese war eine Enkelin des Preußischen Feldmarschalls Fürst Leopold von Anhalt-Dessau, des berühmten Alten Dessauers. Ihr Vater, Georg Heinrich von Berenhorst, herzoglich anhalt-dessauischer Oberhofmeister, entstammte einem Liebesbunde des Fürsten Leopold mit einer jugendlichen Untertanin. Wenn man will, darf man vielleicht annehmen, daß das Blut des Siegers von Höchstädt, Turin und Kesselsdorf auch in seinen Nachfahren unverändert wirksam geworden ist. Unsere Großmutter hieß als Mädchen Marie Seip. Sie stammte aus einer mecklenburgischen Gutsbesitzersfamilie hessischen Ursprungs, die mit der Familie Goethes

Richthofen vor seinem Flugzeug
mit Kameraden seiner Staffel

in nahen verwandtschaftlichen Beziehungen gestanden hat. Wir Enkelkinder liebten diese Großmutter, die ein Jahr vor Ausbruch des Weltkrieges verstorben ist, zärtlich. Zu unseren schönsten Jugenderinnerungen zählten die Ferienaufenthalte auf dem in der Nähe von Breslau gelegenen Gute Romberg unserer Großeltern. Wenn wir zu Ferienbeginn das von Schinkel erbaute Gutshaus betraten, pflegte die Großmutter uns mit den Worten zu empfangen: "Hier könnt ihr tun und lassen, was ihr wollt!" Wir Jungens haben uns das nicht zweimal sagen lassen, und die Freuden des Landlebens, Reiten, Jagen, Schwimmen und alles, was sonst dazugehört, in vollen Zügen genossen.

Unser 1859 geborener Vater, Albrecht Freiherr von Richthofen, war der erste aktive Offizier unserer Linie und stand im Leibkürassierregiment zu Breslau. Dort sind auch meine beiden Brüder Manfred (1892) und Lothar (1894) geboren. Er mußte verhältnismäßig früh als Major seinen Abschied nehmen, da infolge eines Ohrenleidens der militärische Beruf für ihn eine Unmöglichkeit geworden war. Er hatte einen seiner Kürassiere, der beim Schwimmen mit dem Pferde in der Oder den Kontakt mit seinem Rosse verloren hatte, vor dem Tode des Ertrinkens gerettet, indem er selbst stark erhitzt in voller Uniform von einer Brücke in den Fluß sprang. Die Erkältung, die er sich hierbei zugezogen hatte, führte leider zu einer nicht mehr zu behebenden Schwerhörigkeit. Unser Vater hat den Aufstieg und den Tod seines Sohnes Manfred noch erlebt und ihn verschiedene Male im Kriege, wo er als Ortskommandant eines Städtchens in der Nähe von Lille tätig war, bei seinem Geschwader besucht. 1920 ist er dann in Schweidnitz, wo sich unsere Eltern zur Ruhe gesetzt hatten und wo unsere Mutter heute lebt, zur ewigen Ruhe eingegangen. Unsere Mutter, die Hüterin und Bewahrerin des Andenkens ihrer gefallenen Söhne, hat aus ihrem Hause in Schweidnitz eine Stätte der Erinnerung an Manfred von Richthofen gemacht. Anläßlich seines fünfzehnten Todestages am 21. April 1933 sollen diese Räume, die mehr und mehr die Gestalt eines kleinen Museums erhalten haben, dauernd der Öffentlichkeit zugänglich gemacht werden. Unsere 1868 geborene Mutter selbst stammt aus der in Schlesien reichbegüterten Familie Schickfus und Neudorff. Ihre Mutter, eine geborene von Falkenhausen, entstammt einer militärisch sehr bekannten Familie, deren Ahnherr der aus der inzwischen ausgestorbenen fränkischen Linie des Hohenzollernhauses stammende, mit einer Schwester Friedrichs des Großen verheiratete Markgraf Karl Wilhelm Friedrich von Ansbach war.

Meine beiden Brüder Manfred und Lothar waren elf und neun Jahre älter als ich, und so beginnen meine Erinnerungen an sie erst mit dem Zeitpunkt, als beide unmittelbar vor dem Eintritt in die Armee standen. Aber meine Eltern haben mir so viel von den Jugendtagen, namentlich Manfreds, erzählt, daß ich, ohne Gefahr zu laufen, irgend etwas Unrichtiges zu berichten, doch in der Lage bin, einzelne bezeichnende Züge aus seiner Kindheit und Jünglingszeit beizutragen.

Eine große Freude für meine Eltern ist es immer gewesen, daß Manfred von seinem ersten Lebenstage an eine besonders kräftige und gesunde Natur hatte. Nichts Schlechtes und Giftiges wollte an ihm haften, nicht einmal die Impfblattern sind bei ihm aufgegangen, so oft man es auch versucht hat. Er ist überhaupt eigentlich nur einmal in seinem Leben krank gewesen, und zwar an den Masern, und so hat er zu seinem eigenen tiefen Bedauern so gut wie niemals einen Schultag versäumt. Manfred hatte einen fabelhaft geschickten Körper. Schon als ganz kleiner Junge schlug er Purzelbäume, ohne die Hände zu gebrauchen. Er legte sie dabei wie ein Soldat stramm an die Hosennaht. Im achten Lebensjahre erkletterte er die größten Apfelbäume des Gutes, die sonst kaum jemand erreichen konnte. Dann ließ er sich aber nicht vom Stamm herab, sondern von außen an den Zweigen, diese mit größter Geschicklichkeit greifend. Meine Eltern haben ihm oft dabei zugesehen, aber niemals das Gefühl gehabt, daß ihm irgend etwas passieren könnte, so sicher waren alle seine Bewegungen. Meine Mutter ist mit uns Jungens überhaupt niemals ängstlich gewesen. Sie war der Meinung, daß Kinder nur dann wirklich geschickt und allen Gefahren gewachsen sein könnten, wenn man ihnen jede nur denkbare körperliche Bewegungsfreiheit lasse. Nur so würden sie möglichst zeitig zu beurteilen vermögen, was sie sich selbst zutrauen könnten. Ganz ohne Zwischenfälle ist das natürlich nicht immer abgegangen, aber etwas Ernsteres hat sich nie ereignet. Nur einmal hat Manfred meinen Eltern schwere

Sorge bereitet. Er hatte sich im Kadettenkorps eine bedenkliche Knieverletzung zugezogen. Bei einer Sturzhokke ohne Hilfestellung war ihm ein Stück Knorpel im Knie losgerissen. Dieses Stück klemmte sich ab und zu zwischen die Kniescheibe und ließ dann das Bein willenlos zur Seite klappen. Massieren sowie allerhand Kuren halfen nichts; so verging Jahr und Tag, das Bein wollte nicht in Ordnung kommen. Als meine Eltern wieder einmal berieten, was zu tun sein, und namentlich meine Mutter sehr bedrückt war, wollte Manfred sie trösten und sagte: "Wenn ich nicht mehr auf meinen Beinen laufen kann, so werde ich auf den Händen gehen!" Und wie ein ganz Gesunder reckte er beide Beine in die Luft und lief auf den Händen durchs Zimmer. Man entschloß sich dann aber zuletzt doch zu einer Operation. Diese glückte erfreulicherweise und stellte ihn in wenigen Wochen wieder völlig her. Als Manfred beim Ulanenregiment Nr. 1, Kaiser Alexander III., als Fahnenjunker eingestellt war, ergriff ihn noch mehr, als das bisher der Fall gewesen war, die Leidenschaft für den Pferdesport. Nachdem er das Offizierspatent erhalten hatte, kaufte ihm unser Vater eine sehr schöne Stute. Auch mir gegenüber hat Manfred dies Pferd oft als ein wahres Wundertier und als unverwüstlich gerühmt. Sie ging vor seinem Zuge wie ein Lamm, und dabei sprang sie immerhin einen Meter sechzig. Manfred hat so bei Springkonkurrenzen und Geländeritten viele schöne Preise erworben. Zuletzt noch im Kaiserpreisritt 1913. Sein Ehrgeiz ging dahin, auch große Rennen in Breslau und in der Reichshauptstadt zu reiten. Zu diesem Zwecke hatte er einen Vollblüter, der auf den Namen Antithesis hörte, erworben. Aber an dem gleichen Tage, an dem das erste Rennen mit seinem Pferde gelaufen werden sollte, ritt er mit ihm über die russische Grenze. Er hätte gewiß manches Pferd in manchem Rennen zum Siege geritten.

Denn Manfred hat schon von den ersten Tagen seiner Jugend an Proben nicht gewöhnlicher Energie abgelegt. Als achtjähriger Junge erwarteten ihn meine Eltern eines Tages in Breslau von der Bahn. Er sollte mit zwei großen Handkoffern von einem längeren Aufenthalt auf dem Lande zurückkehren. Der Bursche wurde zur Abholung auf den Bahnhof geschickt, er kam allein zurück. Manfred war nicht zu finden. Was war geschehen? Ein Telefon gab es damals noch nicht. Die Aufregung stieg. Während meine Eltern noch darüber beraten, klingelt die Entreeglocke, und Manfred steht wohlbehalten mit beiden Koffern vor der Tür.

"Du hast dir wohl eine Droschke genommen?"

"Nein, ich hatte kein Geld."

"Wer hat dir denn die Koffer getragen?"

"Das habe ich selbst getan."

Meine Eltern waren sprachlos und ungläubig, denn die Koffer waren so schwer, daß Manfred Mühe gehabt hätte, nur einen zu heben. Aber dann erhielten sie die Aufklärung. "Einen habe ich schon heben können, den habe ich immer ein Stück weit getragen und inzwischen auf den anderen aufgepaßt, dann habe ich den zweiten geholt, und so bin ich allmählich angekommen, leider hat es ein bißchen lange gedauert."

Und das alles mit solch selbstverständlicher Ruhe und Sicherheit, daß meine Eltern Manfred schon damals getrost die Sorge für sich selbst im großen und ganzen allein überlassen konnten. So hat Manfred auch die Kadettenzeit durchgehalten, obwohl ihm diese Art der Erziehung und Jugendbehandlung nicht allzusehr zusagte. Aber er hat die Zähne zusammengebissen und bei allen im Haus der Eltern verbrachten Ferien niemals geklagt. Mir, seinem jüngeren Bruder, hat er allerdings mehrfach gesagt: "Wenn du kannst, verzichte auf das Vergnügen, im Pennal ist es zwar auch nicht schön, aber immer noch besser." Dabei hatte sich Manfred für den Offiziersberuf sehr frühzeitig entschieden, und wohl immer hat bei ihm der Entschluß festgestanden, in der von ihm erwählten Laufbahn Außerordentliches zu leisten. Damals dachte er allerdings daran, einmal ein großer Reitergeneral zu werden. Er konnte nicht ahnen, daß er nicht auf der festen Erde, sondern in den Lüften der Erste werden würde. Als er im Mai 1915 zur Fliegerwaffe übertrat, hat er auf meine Frage, warum er sich denn dazu entschlossen habe, wörtlich geantwortet: "Nur Beobachter werden, das liegt mir nicht, Flugzeugführer will ich werden, und, wenn es glückt, der beste von allen!" Und dabei strahlten seine blauen Augen und gaben Zeugnis von der Festigkeit des Entschlusses, der in ihm lebte.

Manfred war überaus wahrheitsliebend. Meine Mutter

kann heute noch nicht genug rühmen, in welchem Maße sich die Eltern stets auf ihn verlassen konnten. Er gab präzise und klare Antworten auf jede Frage, ohne Rücksicht darauf, was die Folgen für ihn sein konnten. So hatte er einmal auf dem großmütterlichen Gute als zwölfjähriger Junge seine Jagdpassion nicht zügeln können. Als er auf der Weistritz keine wilden Enten finden konnte, erlegte er einige zahme, die dann im Entenstall der Großmutter fehlten. Manfred wurde in strenges Verhör genommen, aber das dauerte nur eine halbe Minute. Er kam gar nicht auf den Gedanken, seine Tat leugnen oder gar beschönigen zu wollen. Und die gute Großmutter verzieh von Herzen gern ihrem Enkel, der nicht lügen konnte. Diese ersten "Jagdtrophäen" Manfreds, drei Erpelfedern, hängen noch heute in seiner Stube in Schweidnitz. Die Besucher werden sie nicht ohne Rührung ansehen können. So hat Manfred in seiner Mutter das beglückende Bewußtsein hervorgerufen, daß der Sohn ihr ganz vertraue. Noch heute pflegt meine Mutter diese Empfindungen und diese Überzeugung von der Wesensart Manfreds in die kurzen Worte zusammenzufassen: "Er stand fest, wohin er gestellt war." Dieser Glaube an eigenes Können, gepaart mit innerer Vornehmheit und selbstverständlicher Bescheidenheit, haben, wie ich glaube, meinen Bruder im besonderen Maße befähigt, ein wirklicher Führer zu sein. Seine Ulanen, als er Leutnant war, und später alle seine Untergebenen im Jagdgeschwader Richthofen konnten ihm felsenfest vertrauen. Er sagte ihnen keine Schmeicheleien, aber er schützte sie und hielt sein Wort, und das Dienen unter ihm wurde erleichtert durch den Frohsinn und die Heiterkeit, ja oftmals durch den Übermut, mit dem er sich auch schwersten Aufgaben gegenüber gewachsen zeigte. Denn in einem war er allen, die ihm im Kriege zu folgen hatten, ein vielleicht beispielloses Vorbild: in der Tapferkeit seines Geistes, in dem absoluten Mangel jeder Furcht, ja in der völligen Unmöglichkeit, sich überhaupt einen Vorgang oder ein bevorstehendes Ereignis vorstellen zu können, das für ihn mit irgendeinem Gefühl von Angst verbunden sein könnte. Die Gefahr unterschätzte er nicht, aber sie spielte in seinem Leben keine Rolle. Das war schon in frühester Jugend der Fall. Im Gutshause sollte es, wie die Mädchen behaupteten, spuken. Oben auf dem Boden hatte sich einmal ein Knecht erhängt, und seitdem gehe es dort um, so erzählte man sich in der Gesindestube. Der dreizehnjährige Manfred wollte diesen Spuk erleben. Er ließ sich genau die Stelle auf dem Boden zeigen, wo das Unglück sich ereignet hatte, und sein Bett auf die Stelle tragen, um zu schlafen. Meine Mutter kannte Manfreds Furchtlosigkeit, aber sie beschloß doch, ihn auf die Probe zu stellen. Sie schlich sich mit meiner Schwester nach oben und begann allmählich Kastanien auf dem Boden entlangzurollen. Zunächst schlief Manfred ganz fest. Aber das Gepolter wurde verstärkt. Dann wachte er plötzlich auf, sprang auf, ergriff einen Knüppel und stürzte auf die Ruhestörer los. Meine Mutter mußte schnell Licht machen, sonst wäre es ihr übel ergangen. Aber bei Manfred war von Angst keine Spur. Und das hat sich nicht geändert bis zu seinem letzten Flug, von dem er nicht mehr lebend zu seinem Geschwader und zu den Seinen zurückkehren sollte. Viele hundertmal ist Manfred in die Lüfte gestiegen, oft drei- bis viermal am gleichen Tage. Er wußte wohl, daß ein jeder Mensch seine Achillesferse habe und daß auch er verwundbar sei. Aber von allen, die den Krieg mit ihm erlebt haben, wird es keinen geben, der an ihm jemals, wenn er sich anschickte, dem Feind entgegenzufliegen, etwas anderes bemerkt hätte als Siegesgewißheit und Glauben an sich und den Erfolg. Vielleicht mögen anfangs Ehrgeiz und Sportlust starke Triebfedern für Manfreds Entschluß gewesen sein, vom Sattel in den Führersitz seines weltberühmt gewordenen roten Kampfflugzeuges zu steigen. Je härter und schwerer aber die Kämpfe, je bedeutungsvoller der Luftkrieg für Deutschlands Schicksal und je größer so Manfreds eigene Verantwortung wurden, um so ernster wurde bei aller Heiterkeit und Zuversicht des Geistes sein unbeugsamer Wille, allein und ausschließlich das Beste zu tun und zu geben für Volk und Vaterland. Und das dulce et decorum est pro patria mori, das ihm einst seine Lehrer im Kadettenkorps, nicht immer zu seiner Freude, in den Lateinstunden gepredigt hatten, wurde zum Inhalt der kurzen Lebensspanne, die ihm von 1915 bis 1918 noch beschieden war.

Aber nun soll Manfred selbst das Wort nehmen und dem Leser mit eigenen Worten sagen, was in jenen Jahren durch ihn und um ihn geschah.

Mein Leben im Kriege

von Manfred Freiherr von Richthofen

Eintritt in die Armee

Natürlich konnte ich es kaum erwarten, Ostern 1911 in die Armee eingestellt zu werden. Ich ging deshalb bereits nach meinem Fähnrichexamen in die Front und kam zum Ulanenregiment Nr. 1 "Kaiser Alexander III.". Ich hatte mir dieses Regiment ausgesucht; es lag in meinem lieben Schlesien, auch hatte ich da einige Bekannte und Verwandte, die mir sehr dazu rieten.

Der Dienst bei meinem Regiment gefiel mir ganz kolossal. Es ist eben doch das schönste für einen jungen Soldaten, "Kavallerist" zu sein.

Über meine Kriegsschulzeit kann ich eigentlich wenig sagen. Sie erinnerte mich zu sehr an das Kadettenkorps und ist mir infolgedessen in nicht allzu angenehmer Erinnerung.

Eine spaßige Sache erlebte ich. Einer meiner Kriegsschullehrer kaufte sich eine ganz nette dicke Stute. Der einzige Fehler war, sie war schon etwas alt. Er kaufte sie für fünfzehn Jahre. Sie hatte etwas dicke Beine. Sonst aber sprang sie ganz vortrefflich. Ich habe sie oft geritten. Sie ging unter dem Namen "Biffy".

Etwa ein Jahr später beim Regiment erzählte mir mein Rittmeister v. Tr., der sehr sportliebend war, er habe sich ein ganz klobiges Springpferd gekauft. Wir waren alle sehr gespannt auf den "klobigen Springer", der den seltenen Namen "Biffy" trug. Ich dachte nicht mehr an die alte Stute meines Kriegsschullehrers. Eines schönen Tages kommt das Wundertier an, und nun soll man sich das Erstaunen vorstellen, daß die gute alte "Biffy" als achtjährig in dem Stall v. Tr.s sich wieder einfand. Sie hatte inzwischen einige Male den Besitzer gewechselt und war im Preise sehr gestiegen. Mein Kriegsschullehrer hatte sie für fünfzehnhundert Mark gekauft, und v. Tr. hatte sie nach einem Jahre als achtjährig für dreitausendfünfhundert Mark erworben. Gewonnen hat sie keine Springkonkurrenz mehr, aber sie hat wieder einen Abnehmer gefunden – und ist gleich zu Beginn des Krieges gefallen.

Erste Offizierszeit
(Herbst 1912)

Endlich bekam ich die Epaulettes. So ungefähr das stolzeste Gefühl, was ich je gehabt habe, mit einem Male "Herr Leutnant" angeredet zu werden.

Mein Vater kaufte mir eine sehr schöne Stute, "Santuzza" genannt. Sie war das reinste Wundertier und unverwüstlich. Ging vor dem Zuge wie ein Lamm. Allmählich entdeckte ich in ihr ein großes Springvermögen. Sofort war ich dazu entschlossen, aus der guten braven Stute ein Springpferd zu machen. Sie sprang ganz fabelhaft.

Ich fand große Unterstützung und viel Verständnis bei meinem Kameraden von Wedel, der mit seinem Chargenpferd "Fandango" so manchen schönen Preis davongetragen hatte.

So trainierten wir beide für eine Springkonkurrenz und einen Geländeritt in Breslau. "Fandango" machte sich glänzend, "Santuzza" gab sich große Mühe und leistete auch Gutes. Ich hatte Aussichten, etwas mit ihr zu schaffen. Am Tage, bevor sie verladen wurde, konnte ich es mir nicht verkneifen, nochmals alle Hindernisse in unserem Springgarten mit ihr zu nehmen. Dabei schlitterten wir hin. "Santuzza" quetschte sich etwas ihre Schulter, und ich knackste mir mein Schlüsselbein.

Von meiner guten dicken Stute "Santuzza" verlangte ich im Training auch Leistungen auf Geschwindigkeit und war sehr erstaunt, als von Wedels Vollblüter sie schlug.

Ein andermal hatte ich das Glück, bei der Olympiade in Breslau einen sehr schönen Fuchs zu reiten. Der Geländeritt fing an, und mein Wallach war im zweiten Drittel noch ganz und munter, so daß ich Aussichten auf Erfolg hatte. Da kommt das letzte Hindernis. Ich sah schon von weitem, daß dies etwas ganz Besonderes sein mußte, da sich eine

Unmenge Volks dort angesammelt hatte. Ich dachte mir: "Nur Mut, die Sache wird schon schief gehen!" und kam in windender Fahrt den Damm heraufgesaust, auf dem ein Koppelrick stand. Das Publikum winkte mir immer zu, ich sollte nicht so schnell reiten, aber ich sah und hörte nichts mehr. Mein Fuchs nahm das Koppelrick oben auf dem Damm, und zu meinem größten Erstaunen geht's auf der anderen Seite in die Weistritz. Ehe ich mich versah, springt das Tier in einem Riesensatz den Abhang hinunter, und Roß und Reiter verschwinden in den Fluten. Natürlich gingen wir "über Kopf". "Felix" kam auf dieser Seite raus und Manfred auf der anderen. Beim Zurückwiegen nach Schluß des Geländerittes stellte man mit großem Erstaunen fest, daß ich nicht die üblichen zwei Pfund abgenommen hatte, sondern zehn Pfund schwerer geworden war. Daß ich klitschenaß war, sah man mir Gott sei Dank nicht an.

Ich besaß auch einen sehr guten Charger, und dieses Unglückstier mußte alles machen. Rennen laufen, Geländeritte, Springkonkurrenzen, vor dem Zuge gehen, kurz und gut, es gab keine Übung, in der das gute Tier nicht ausgebildet war. Das war meine brave "Blume". Auf ihr hatte ich sehr nette Erfolge. Mein letzter war der im Kaiserpreis-Ritt 1913. Ich war der einzige, der die Geländestrecke ohne Fehler überwunden hatte. Mir passierte dabei eine Sache, die nicht so leicht nachgemacht werden wird. Ich galoppierte über eine Heide und stand plötzlich Kopf. Das Pferd war in ein Karnickelloch getreten, und ich hatte mir beim Sturz das Schlüsselbein gebrochen. Damit war ich noch siebzig Kilometer geritten, hatte dabei keinen Fehler gemacht und die Zeit innegehalten.

In allen Zeitungen stand weiter nichts als dicke Romane über den Krieg. Aber seit einigen Monaten war man ja schon an das Kriegesgeheul gewöhnt. Wir hatten schon so oft unseren Dienstkoffer gepackt, daß man es schon langweilig fand und nicht mehr an einen Krieg glaubte. Am wenigsten aber glaubten wir an einen Krieg, die wir die ersten an der Grenze waren, das "Auge der Armee", wie seinerzeit mein Kommandierender uns Kavalleriepatrouillen bezeichnet hatte.

Am Vorabend der erhöhten Kriegsbereitschaft saßen wir bei der detachierten Schwadron, zehn Kilometer von der Grenze entfernt, in unserem Kasino und spielten ein wenig. Wir waren sehr vergnügt. Wie gesagt, an einen Krieg dachte keiner.

Wedels Mutter hatte uns zwar schon einige Tage zuvor etwas stutzig gemacht; sie war nämlich aus Pommern erschienen, um ihren Sohn vor dem Kriege noch einmal zu sehen. Da sie uns in bester Stimmung fand und feststellen mußte, daß wir nicht an Krieg dachten, konnte sie nicht umhin, uns zu einem anständigen Frühstück einzuladen.

Wir waren sehr ausgelassen, als sich plötzlich die Tür öffnete und Graf Kospoth, der Landrat von Öls, auf der Schwelle stand. Der Graf machte ein entgeistertes Gesicht.

Wir begrüßten den alten Bekannten mit einem Hallo!

Er erkärte uns den Zweck seiner Reise, nämlich, daß er sich an der Grenze persönlich überzeugen wolle, was an den Gerüchten von dem nahen Weltkrieg stimmte. Er nahm ganz richtig an, die an der Grenze müßten es eigentlich am ehesten wissen. Nun war er ob des Friedensbildes nicht wenig erstaunt. Durch ihn erfuhren wir, daß sämtliche Brücken Schlesiens bewacht wurden und man bereits an die Befestigung von einzelnen Plätzen dachte.

Schnell überzeugten wir ihn, daß ein Krieg ausgeschlossen sei, und feierten weiter.

Am nächsten Tage rückten wir ins Feld.

Kriegsausbruch

Ostrowo, 2. August 1914

Dieses seien in großer Eile meine letzten Zeilen. Seid recht herzlich gegrüßt. Sollten wir uns nicht mehr wiedersehen, so habt meinen allerherzlichsten Dank für alles, was Ihr an mir getan habt. Schulden habe ich nicht, sogar noch einige hundert Mark mehr, die ich mir aber mitnehme.

Es umarmt jeden einzelnen

Euer dankbarer und gehorsamer Sohn und Bruder

Manfred.

Überschreiten der Grenze

Das Wort "Krieg" war uns Grenzkavalleristen zwar geläufig. Jeder wußte haarklein, was er zu tun und zu lassen hatte. Keiner hatte aber so eine rechte Vorstellung, was sich nun zunächst abspielen würde. Jeder aktive Soldat war selig, nun endlich seine Persönlichkeit und sein Können zeigen zu dürfen.

Uns jungen Kavallerieleutnants war wohl die interessanteste Tätigkeit zugedacht: aufklären, in den Rücken des Feindes gelangen, wichtige Anlagen zerstören; alles Aufgaben, die einen ganzen Kerl verlangen.

Meinen Auftrag in der Tasche, von dessen Wichtigkeit ich mich durch langes Studium schon seit einem Jahre überzeugt hatte, ritt ich nachts um zwölf Uhr an der Spitze meiner Patrouille zum erstenmal gegen den Feind.

Die Grenze bildete ein Fluß, und ich konnte erwarten, daß ich dort zum erstenmal Feuer bekommen würde. Ich war ganz erstaunt, als ich ohne Zwischenfall die Brücke passieren konnte. Ohne weitere Ereignisse erreichten wir den mir von Grenzritten her wohlbekannten Kirchturm des Dorfes Kielcze am nächsten Morgen.

Ohne von einem Gegner etwas gemerkt zu haben oder vielmehr besser ohne selbst bemerkt worden zu sein, war alles verlaufen. Wie sollte ich es anstellen, daß mich die Dorfbewohner nicht bemerkten? Mein erster Gedanke war, den Popen hinter Schloß und Riegel zu setzen. So holten wir den vollkommen überraschten und höchst verdutzten Mann aus seinem Hause. Ich sperrte ihn zunächst mal auf dem Kirchturm ins Glockenhaus ein, nahm die Leiter weg und ließ ihn oben sitzen. Ich versicherte ihm, daß, wenn auch nur das geringste feindselige Verhalten der Bevölkerung sich bemerkbar machen sollte, er sofort ein Kind des Todes sein würde. Ein Posten hielt Ausschau vom Turm und beobachtete die Gegend.

Ich hatte täglich durch Patrouillenreiter Meldungen zu schicken. So löste sich bald mein kleines Häuflein an Meldereitern auf, so daß ich schließlich den letzten Melderitt als Überbringer selbst übernehmen mußte.

Bis zur fünften Nacht war alles ruhig geblieben. In dieser kam plötzlich der Posten zu mir zum Kirchturm gelaufen – denn in dessen Nähe hatte ich meine Pferde hingestellt – und rief mir zu: "Kosaken sind da!" Es war pechfinster, etwas Regen, keine Sterne. Man sah die Hand nicht vor den Augen.

Wir führten die Pferde durch eine schon vorher vorsichtshalber durch die Kirchhofsmauer geschlagene Bresche auf das freie Feld. Dort war man infolge der Dunkelheit nach fünfzig Metern in vollständiger Sicherheit. Ich selbst ging mit dem Posten, den Karabiner in der Hand, nach der bezeichneten Stelle, wo die Kosaken sein sollten.

Ich schlich an der Kirchhofsmauer entlang und kam an die Straße. Da wurde mir doch etwas anders zumute, denn der ganze Dorfausgang wimmelte von Kosaken. Ich guckte über die Mauer, hinter der die Kerle ihre Pferde stehen hatten. Die meisten hatten Blendlaternen und benahmen sich sehr unvorsichtig und laut. Ich schätzte sie auf etwa zwanzig bis dreißig. Einer war abgesessen und zum Popen gegangen, den ich am Tage vorher aus der Haft entlassen hatte.

Natürlich Verrat! zuckte es mir durchs Gehirn. Also doppelt aufpassen. Auf einen Kampf konnte ich es nicht mehr ankommen lassen, denn mehr als zwei Karabiner hatte ich nicht zur Verfügung. Also spielte ich "Räuber und Gendarm".

Nach einigen Stunden Rast ritten die Besucher wieder von dannen.

Am nächsten Morgen zog ich es vor, jetzt aber doch einen kleinen Quartierwechsel vorzunehmen. Am siebenten Tage war ich wieder in meiner Garnison und wurde von jedem Menschen angestarrt, als sei ich ein Gespenst. Das kam nicht etwa wegen meines unrasierten Gesichts, sondern vielmehr weil sich Gerüchte verbreitet hatten, Wedel und ich seien bei Kalisch gefallen. Man wußte Ort, Zeit und nähere Umstände so haargenau zu erzählen, daß sich das Gerücht schon in ganz Schlesien verbreitet hatte. Selbst meiner Mutter hatte man bereits Kondolenzbesuche gemacht.

Es fehlte nur noch, daß eine Todesanzeige in der Zeitung stand.

*

Eine komische Geschichte ereignete sich zur selben

Zeit. Ein Pferdedoktor bekam den Auftrag, mit zehn Ulanen Pferde aus einem Gehöft zu requirieren. Es lag etwas abseits, etwa drei Kilometer. Ganz erregt kam er von seinem Auftrag zurück und berichtete selber folgendes:

"Ich reite über ein Stoppelfeld, auf dem die Puppen stehen, worauf ich plötzlich in einiger Entfernung feindliche Infanterie erkenne. Kurz entschlossen ziehe ich den Säbel, rufe meinen Ulanen zu: 'Lanze gefällt, zur Attacke, marsch, marsch, hurra!' Den Leuten macht es Spaß, es beginnt ein wildes Hetzen über die Stoppeln. Die feindliche Infanterie entpuppt sich aber als ein Rudel Rehe, die ich in meiner Kurzsichtigkeit verkannt habe."

Noch lange hatte der tüchtige Herr unter seiner Attacke zu leiden.

*

Schelmce, südwestlich Kalisch, 5. August 1914

Wie mag es Euch in diesen bewegten Zeiten ergehen? In Schweidnitz seid Ihr ja ganz gewiß am sichersten. Ich bin nun schon die dritte Nacht in Rußland auf Patrouille. Vor mir sind keine deutschen Truppen, bin also am weitesten vorgeschoben. Man verroht mit Windeseile. Daß ich meine Sachen schon seit fast vier Tagen nicht mehr auszog und mich seit der Kriegserklärung nicht mehr wusch, finde ich schon ganz in Ordnung. Schlafen tue ich mit meinen sechs Mann nur sehr wenig – natürlich nur unter freiem Himmel. Die Nächte sind ganz schön warm, aber heute, im Regen draußen, war's weniger amüsant. Zu essen gibt es wenig; nur mit Gewalt bekommt man etwas. Von meinen Leuten ist noch keiner verwundet. Wenn Dich dieser Brief trifft, bin ich vielleicht schon an der französischen Grenze. Eben donnerten wieder aus der Richtung Kalisch die Kanonen, muß dann mal sehen, was los ist. Herzlichen Gruß sendet Euch allen aus dem nahen Rußland

Euer Manfred.

Nach Frankreich

In meinem Garnisonort wuren wir nun verladen. Wohin? – Keine Ahnung, ob West, Ost, Süd, Nord. Gemunkelt wurde viel, meistens aber vorbei. Aber in diesem Fall hatten wir wohl den richtigen Riecher: Westen.

Uns stand zu viert ein Abteil zweiter Klasse zur Verfügung. Man mußte sich auf eine lange Bahnfahrt verproviantieren. Getränke fehlten natürlich nicht. Aber schon am ersten Tage merkten wir, daß so ein Abteil zweiter Klasse doch verflucht eng ist für vier kriegsstarke Jünglinge, und so zogen wir denn vor, uns etwas mehr zu verteilen. Ich richtete mir die eine Hälfte eines Packwagens zur Wohn- und Schlafstätte ein und hatte damit ganz entschieden etwas Gutes getan. Ich hatte Luft, Licht usw. Stroh hatte ich mir in einer Station verschafft, die Zeltbahn wurde darauf gedeckt. Ich schlief in meinem Schlafwagen so fest, als läge ich in Ostrowo in meinem Familienbett. Die Fahrt ging Tag und Nacht, erst duch ganz Schlesien, Sachsen, immer mehr gen Westen. Wir hatten scheinbar Richtung Metz; selbst der Transportführer wußte nicht, wo es hinging. Auf jeder Station, auch da, wo wir nicht hielten, stand ein Meer von Menschen, die uns mit Hurra und Blumen überschütteten. Die Ulanen wurden besonders angestaunt. Der Zug, der vorher durch die Station geeilt war, mochte wohl verbreitet haben, daß wir bereits am Feinde gewesen waren — und wir hatten erst acht Tage Krieg. Auch hatte im ersten Heeresbericht bereits mein Regiment Erwähnung gefunden. Ulanenregiment 1 und das Infanterieregiment 155 eroberten Kalisch. Wir waren also die gefeierten Helden und kamen uns auch ganz als solche vor. Wedel hatte ein Kosakenschwert gefunden und zeigte dies den erstaunten Mädchen. Das machte großen Eindruck. Bis wir schließlich in Busendorf bei Diedenhofen ausgeladen wurden.

Kurz bevor der Zug ankam, hielten wir in einem langen Tunnel. Ich muß sagen, es ist schon ungemütlich, in einem Tunnel in Friedenszeiten plötzlich zu halten, besonders aber im Kriege. Nun erlaubte sich ein Übermütiger einen Scherz und gab einen Schuß ab. Es dauerte nicht lange, so fing in diesem Tunnel ein wüstes Geschieße an. Daß keiner verletzt wurde, ist ein Wunder. Was die Ursache dazu war, ist nie herausgekommen.

In Busendorf wurde ausgeladen. Es war eine derartige

Hitze, daß uns die Pferde umzufallen drohten. Die nächsten Tage marschierten wir immer nach Norden, Richtung Luxemburg. Mittlerweile hatte ich herausgekriegt, daß mein Bruder vor etwa acht Tagen dieselbe Strecke mit einer Kavalleriedivision geritten war. Ich konnte ihn sogar noch einmal fährten, gesehen habe ich ihn erst ein Jahr später.

In Luxemburg wußte kein Mensch, wie sich dieses Ländchen gegen uns verhielt. Ich weiß noch wie heute, wie ich einen Luxemburger Gendarm von weitem sah, ihn mit meiner Patrouille umzingelte und gefangennehmen wollte. Er versicherte mir, daß, wenn ich ihn nicht umgehend losließe, er sich beim Deutschen Kaiser beschwerden würde. Das sah ich denn auch ein und ließ den Helden wieder laufen. So kamen wir durch die Stadt Luxemburg und Esch durch, und man näherte sich jetzt bedenklich den ersten befestigten Städten Belgiens.

Auf dem Hinmarsch machte unsere Infanterie, wie überhaupt unsere ganze Division, die reinen Friedensmanöver. Man war schrecklich aufgeregt. Aber so ein Manöver-Vorpostenbild war einem ab und zu ganz bekömmlich. Sonst hätte man ganz bestimmt über die Stränge geschlagen. Rechts und links, auf jeder Straße, vor und hinter uns marschierten Truppen von verschiedenen Armeekorps. Man hatte das Gefühl eines wüsten Durcheinanders. Plötzlich wurde aus dem Kuddelmuddel ein großartig funktionierender Aufmarsch.

Was unsere Flieger damals leisteten, ahnte ich nicht.

Mich versetzte jedenfalls jeder Flieger in einen ganz ungeheuren Schwindel. Ob es ein deutscher war oder ein feindlicher, konnte ich nicht sagen. Ich hatte ja nicht einmal eine Ahnung, daß die deutschen Apparate Kreuze trugen und die feindlichen Kreise. Folglich wurde jeder Flieger unter Feuer genommen. Die alten Piloten erzählen heute noch immer, wie peinlich es ihnen gewesen sei, von Freund und Feind gleichmäßig beschossen zu werden.

Wir marschierten und marschierten, die Patrouillen weit voraus, bis wir eines schönen Tages bei Arlon waren. Es überlief mich ganz spaßig den Buckel runter, wie ich zum zweitenmal die Grenze überschritt. Dunkle Gerüchte von Franktireurs und dergleichen waren mir bereits zu Ohren gekommen.

*

Ich hatte einmal den Auftrag, die Verbindung mit meiner Kavalleriedivision aufzunehmen. Ich habe an diesem Tage nicht weniger als hundertundzehn Kilometer mit meiner gesamten Patrouille geritten. Nicht ein Pferd war kaputt, eine glänzende Leistung meiner Tiere. In Arlon bestieg ich nach den Grundsätzen der Taktik des Friedens den Kirchturm, sah natürlich nichts, denn der böse Feind war noch weitab.

Man war damals noch ziemlich harmlos. So hatte ich z.B. meine Patrouille vor der Stadt stehenlassen und war ganz allein mit einem Rad mitten durch die Stadt zum

Kirchturm gefahren. Wie ich wieder runterkam, stand ich inmitten einer murrenden und murmelnden Menge feindselig blickender Jünglinge. Mein Rad war natürlich geklaut, und ich konnte nun eine halbe Stunde lang zu Fuß laufen. Aber das machte mir Spaß. Ich hätte so eine kleine Rauferei ganz gern gemocht. Ich fühlte mich mit meiner Pistole in der Hand ganz kolossal sicher.

Die Einwohner hatten sich, wie ich später erfahren habe, sowohl einige Tage vorher gegen unsere Kavallerie als auch später gegen unsere Lazarette sehr aufrührerisch benommen, und man hatte eine ganze Menge dieser Herren an die Wand stellen müssen.

Am Nachmittag erreichte ich mein Ziel und erfuhr dort, daß drei Tage vorher, ganz in der Gegend von Arlon, mein einziger Vetter Richthofen gefallen war. Ich blieb den Rest des Tages bei der Kavalleriedivision, machte dort noch einen blinden Alarm mit und kam nachts spät bei meinem Regiment an.

Man erlebte und sah eben mehr als die anderen, man war eben doch schon mal am Feind gewesen, hatte mit dem Feinde zu tun gehabt, hatte die Spuren des Krieges gesehen und wurde von jedem einer anderen Waffe beneidet. Es war doch zu schön, wohl doch meine schönste Zeit im ganzen Kriege. Den Kriegsanfang möchte ich wieder mal mitmachen.

*

Ich will Dir mal kurz schildern, was ich hier im Westen erlebt habe. – Bevor der Aufmarsch der Armee beendet war, war es natürlich ziemlich langweilig. Wir wurden nordöstlich von Diedenhofen ausgeladen und marschierten durch Luxemburg und überschritten bei Arlon die belgische Grenze. In Etalle, etwa zwanzig Kilometer westlich Arlon, bekam ich am 23. August den Auftrag, in südlicher Richtung auf Meix-devant-Virton aufzuklären. Wie ich an den Waldrand südlich Etalle komme, erkenne ich etwa eine Eskadron französicher Kürassiere. Ich hatte nur vierzehn Leute mit. Nach etwa einer halben Stunde ist die feindliche Eskadron verschwunden, und ich mache mich dahinter, festzustellen, wo sie geblieben ist, und komme so in einen riesigen bergigen Wald. Ich befinde mich gerade am Ausgang im Walde, in der Nähe von Meix-devant-Virton. Rechts habe ich eine Felswand, links einen Bach, dahinter eine etwa fünfzig Meter breite Wiese – dann den Waldrand. Mit einem Male hält meine Spitze. Ich galoppiere voraus, um zu sehen, was los ist.

Wie ich gerade mein Glas an die Augen nehme, kracht eine Salve von dem etwa fünfzig Meter entfernt liegenden Waldrand und von vorn. Ich sah mich etwa zweihundert bis zweihundertfünzig Karabinern gegenüber. Nach links und vorwärts konnte ich nicht, da war der Feind – rechts die steile Felswand, also zurück. Ja, wenn das so einfach gewesen wäre. Der Weg war ganz schmal, und er führte gerade an dem vom Feind besetzten Waldrand vorbei, aber was half es; zu überlegen gab es nichts, also zurück. Ich war der letzte. Alle anderen hatten sich trotz meines vorherigen Verbots zusammengeballt und boten den Franzosen ein gutes Ziel. Vielleicht ist das der Grund, weswegen ich entkommen bin. Ich brachte nur vier Mann zurück. Diese Feuertaufe war weniger lustig, als ich sie mir gedacht hatte. Abends kamen noch einige Leute zurück, deren Pferde tot waren, die sich zu Fuß hatten retten können.

Daß mir und meinem Pferde nichts passierte, ist tatsächlich ein Wunder.

Dieselbe Nacht wurde ich noch nach Virton geschickt, kam aber nicht bis dahin, da Virton vom Feind besetzt war.

Noch nachts entschloß sich der Divisionskommandeur von Below, den Feind bei Virton anzugreifen, und erschien mit seiner Spitze Ul.-R. 1 am Ausgange des Waldes.

Der Nebel war so stark, daß man nicht dreißig Schritt sehen konnte.

Immer ein Regiment nach dem anderen entwickelte sich, wie im Manöver, aus dem engen Waldwege. Prinz Oskar stand auf einem Steinhaufen und ließ sein Regiment, die 7. Grenadiere, an sich vorbeimarschieren, sah jedem Grenadier ins Auge. Ein großartiger Moment vor der Schlacht. So kam es zur Schlacht von Virton, wo die 9. Division gegen einen sechsfach überlegenen Gegner kämpfte, sich zwei Tage lang hielt und schließlich glänzend siegte.

In dieser Schlacht führte Prinz Oskar sein Regiment an

der Spitze und blieb unverletzt. Ich sprach hiernach gerade mit ihm, als man ihm das Eiserne Kreuz überreichte.

Wie ich auf Patrouille zum erstenmal die Kugeln pfeifen hörte (21./22. August 1914)

Ich hatte den Auftrag, festzustellen, wie stark die Besetzung eines großen Waldes bei Virton wohl sein mochte. Ich ritt mit fünfzehn Ulanen los und war mir klar: Heute gibt es den ersten Zusammenstoß mit dem Feinde. Mein Auftrag war nicht leicht, denn in so einem Walde kann furchtbar viel stecken, ohne daß man es sieht.

Ich kam über eine Höhe. Wenige hundert Schritte vor mir lag ein riesiger Waldkomplex von vielen tausend Morgen. Es war ein schöner Augustmorgen. Der Wald lag so friedlich und ruhig, daß man eigentlich gar keine kriegerischen Gedanken mehr spürte.

Jetzt näherte sich die Spitze dem Eingang des Waldes. Durch das Glas konnte man nichts Verdächtiges feststellen, man mußte also heranreiten und abwarten, ob man Feuer bekäme. Die Spitze verschwand im Waldweg. Ich war der nächste, neben mir ritt einer meiner tüchtigsten Ulanen. Am Eingang des Waldes war ein einsames Waldwärterhäuschen. Wir ritten daran vorbei. Mit einemmal fiel ein Schuß aus einem Fenster des Hauses. Gleich darauf noch einer. Am Knall erkannte ich sofort, daß es kein

Büchsenschuß war, sondern daß er von einer Flinte herrührte. Zur gleichen Zeit sah ich auch Unordnung in meiner Patrouille und vermutete gleich einen Überfall durch Franktireurs. Von den Pferden runter und das Haus umstellen war eins. In einem etwas dunkeln Raum erkannte ich vier bis fünf Burschen mit feindseligen Augen. Eine Flinte war natürlich nicht zu sehen. Meine Wut war groß in diesem Augenblick; aber ich hatte noch nie in meinem Leben einen Menschen getötet, und so muß ich sagen, war mir der Moment äußerst unbehaglich. Eigentlich hätte ich den Franktireur wie ein Stück Vieh runterknallen müssen. Er hatte mit dem Schuß eine Ladung Schrot in den Bauch eines meiner Pferde gejagt und einen meiner Ulanen an der Hand verletzt.

Mit meinem kümmerlichen Französisch schrie ich die Kanaillen an und drohte, wenn sich der Schuldige nicht umgehend melden würde, sie allesamt über den Haufen zu schießen. Sie merkten, daß es mir Ernst war, und daß ich nicht zaudern würde, meinen Worten die Tat folgen zu lassen. Wie es nun eigentlich kam, weiß ich heute selbst nicht mehr. Jedenfalls waren die Freischützen mit einemmal aus der Hintertür heraus und vom Erdboden verschwunden. Ich schoß noch hinterher, ohne zu treffen. Zum Glück hatte ich das Haus umstellt, so daß sie mir eigentlich nicht entwischen konnten. Sofort ließ ich das Haus nach ihnen durchstöbern, fand aber keinen mehr. Mochten nun die Posten hinter dem Haus nicht ordentlich aufgepaßt haben, jedenfalls war die ganze Bude leer. Wir fanden noch die Schrotspritze am Fenster stehend und mußten uns auf andere Weise rächen. In fünf Minuten stand das ganze Haus in Flammen.

Nach diesem Intermezzo ging es weiter.

An frischen Pferdespuren erkannte ich, daß unmittelbar vor uns starke feindliche Kavallerie marschiert sein mußte. Ich hielt mit meiner Patrouille, feuerte sie durch ein paar Worte an und hatte das Gefühl, daß ich mich auf jeden meiner Kerls unbedingt verlassen konnte. Jeder, so wußte ich, würde seinen Mann in den nächsten Minuten stehen. Natürlich dachte keiner an etwas anderes als an eine Attacke. Es liegt wohl im Blute eines Germanen, den Gegner, wo man ihn auch trifft, über den Haufen zu rennen, besonders natürlich feindliche Kavallerie. Schon sah ich mich an der Spitze meines Häufleins eine feindliche Schwadron zusammenhauen und war ganz trunken vor freudiger Erwartung. Meinen Ulanen blitzten die Augen. So ging es dann in flottem Trab auf der frischen Spur weiter. Nach einstündigem scharfem Ritt durch die schönste Bergschlucht wurde der Wald etwas lichter, und wir näherten uns dem Ausgang. Daß ich damit auf den Feind stoßen würde, war mir klar. Also Vorsicht! Bei allem Attackenmut, der mich beseelte. Rechts von dem schmalen Pfad war eine viele Meter hohe, steile Felsenwand. Zu meiner Linken war ein schmaler Gebirgsbach, dann eine Wiese von fünfzig Meter Breite, eingefaßt von Stacheldrähten. Mit einem Male hörte die Pferdespur auf und verschwand über eine Brücke in den Büschen. Meine Spitze hielt, denn vor uns war der Waldausgang durch eine Barrikade versperrt.

Sofort war es mir klar, daß ich in einen Hinterhalt geraten war. Ich erkannte plötzlich Bewegung im Buschwerk hinter der Wiese zu meiner Linken und konnte abgesessene feindliche Kavallerie erkennen. Ich schätzte sie auf eine Stärke von hundert Gewehren. Hier war nichts zu wollen. Geradeaus war der Weg durch die Barrikade versperrt, rechts waren die Felswände, links hinderte mich die mit Draht eingefaßte Wiese an meinem Vorhaben, der Attakke. Zum Absitzen, um den Gegner mit Karabinern anzugreifen, war keine Zeit mehr. Also blieb nichts anderes übrig, als zurück. Alles hätte ich meinen guten Ulanen zutrauen können, bloß kein Ausreißen vor dem Feinde. – Das sollte so manchem den Spaß verderben, denn eine Sekunde später knallte der erste Schuß, dem ein rasendes Schnellfeuer aus dem Walde drüben folgte. Die Entfernung betrug etwa fünfzig bis hundert Meter. Die Leute waren instruiert, daß sie, wenn ich die Hand hob, schnell zu mir stoßen sollten. Nun wußte ich, wir mußten zurück, hob den Arm und winkte meinen Leuten zu. Das mögen sie wohl falsch verstanden haben. Meine Patrouille, die ich zurückgelassen hatte, glaubte mich in Gefahr und kam in wildem Caracho herangebraust, um mich herauszuhauen. Alles das spielte sich auf einem schmalen Waldweg ab, so daß man sich wohl die Schweinerei vorstellen kann, die sich nun ereignete. Meinen beiden Spitzenreitern gingen die Pferde infolge des rasenden Feuers in der engen

Schlucht, wo der Laut jedes Schusses sich verzehnfachte, durch, und ich sah sie bloß die Barrikade mit einem Sprung nehmen. Von ihnen habe ich nie wieder etwas gehört. Gewiß sind sie in Gefangenschaft. Ich selbst machte kehrt und gab meinem guten "Antithesis", wohl zum erstenmal in seinem Leben, die Sporen. Meinen Ulanen, die mir entgegengebraust kamen, konnte ich nur mit Mühe und Not zu erkennen geben, nicht weiter vorzukommen. Kehrt und davon! Neben mir ritt mein Bursche. Plötzlich stürzte sein Pferd, getroffen, ich sprang darüber hinweg, um mich herum wälzten sich andere Pferde. Kurz und gut, es war ein wüstes Durcheinander. Von meinem Burschen sah ich nur noch, wie er unter dem Pferd lag, scheinbar nicht verwundet, aber durch das auf ihm liegende Pferd gefesselt. Der Gegner hatte uns glänzend überrumpelt. Er hatte uns wohl von Anfang an beobachtet und, wie es den Franzosen nun mal liegt, aus dem Hinterhalt seinen Feind zu überfallen, so hatte er es auch in diesem Fall wieder versucht.

Freude machte es mir, als nach zwei Tagen mit einemmal mein Bursche vor mir stand; allerdings zur Hälfte barfüßig, denn den einen Stiefel hatte er unter seinem Pferd gelassen. Er erzählte mir nun, wie er entkommen war: Mindestens zwei Schwadronen französischer Kürassiere waren später aus dem Walde gekommen, um die vielen gefallenen Pferde und tapferen Ulanen zu plündern. Er war gleich aufgesprungen, unverwundet die Felsenwand hinaufgeklettert und in fünfzig Meter Höhe vollständig erschöpft in einem Gebüsch zusammengebrochen. Nach etwa zwei Stunden, nachdem der Feind sich wieder in seinen Hinterhalt begeben hatte, hatte er seine Flucht fortsetzen können. Nach einigen Tagen gelangte er so wieder zu mir. Über den Verbleib der anderen Kameraden konnte er wenig aussagen.

Patrouillenritt mit Loen

Die Schlacht von Virton war im Gange. Mein Kamerad Loen und ich hatten wieder einmal durch eine Patrouille festzustellen, wo der Feind geblieben war. Den ganzen Tag ritten wir hinter dem Feinde her, erreichten ihn schließlich und konnten eine ganz ordentliche Meldung verfassen. Abends war nun die große Frage: Wollen wir die Nacht durch reiten, um zu unserer Truppe zurückzukommen, oder unsere Kräfte schonen und uns für den nächsten Tag ausruhen? Das ist ja gerade das Schöne, daß der Kavalleriepatrouille vollständig freies Handeln überlassen sein muß.

So entschlossen wir uns, die Nacht am Feinde zu bleiben und am nächsten Morgen weiterzureiten. Unseren strategischen Blicken nach war der Gegner auf Rückmarsch, und wir drängten ihm nach. Folglich konnten wir die Nacht mit ziemlicher Ruhe verbringen.

Gar nicht weit vom Gegner lag ein wunderbares Kloster mit großen Ställen, so daß wir sowohl Loen als auch meine Patrouille einquartieren konnten. Allerdings saß der Gegner gegen Abend, als wir dort unterzogen, noch so nahe dran, daß er uns mit Gewehrkugeln die Fensterscheiben hätte einschießen können.

Die Mönche waren überaus liebenswürdig. Sie gaben uns zu essen und zu trinken, so viel wir haben wollten, und wir ließen es uns gut schmecken. Die Pferde wurden abgesattelt und waren auch ganz froh, als sie nach drei Tagen und drei Nächten zum erstenmal ihre achtzig Kilo totes Gewicht von ihren Rücken loswurden. Mit anderen Worten, wir richteten uns so ein, als ob wir im Manöver bei einem lieben Gastfreund zu Abend wären. Nebenbei bemerkt, hingen drei Tage drauf mehrere von den Gastgebern an dem Laternenpfahl, da sie es sich nicht hatten verkneifen können, sich an dem Krieg zu beteiligen. Aber an dem Abend waren sie wirklich überaus liebenswürdig. Wir krochen in Nachthemden in unsere Betten, stellten einen Posten auf und ließen den lieben Herrgott einen guten Mann sein.

Nachts reißt plötzlich jemand die Tür auf, und die Stimme des Postens ertönt: "Herr Leutnant, die Franzosen sind da." Ich war zu verschlafen, um überhaupt Antwort geben zu können. Loen ging es so ähnlich, und er stellte nur die geistreiche Frage: "Wieviel sind es denn?" Die Antwort des Postens, sehr aufgeregt: "Zwei haben wir schon totgeschossen; wieviel es sind, können wir nicht sagen, denn es ist stockfinster." Ich höre Loen noch ganz verschlafen antworten: "Wenn also mehr kommen, dann weckst du mich." Eine halbe Minute später schnarchten wir weiter.

Am nächsten Morgen stand die Sonne schon recht hoch, als wir von unserem gesunden Schlaf erwachten. Nach einem reichlichen Frühstück ging die Reise wieder los.

Tatsächlich waren nachts an unserem Schloß die Franzosen vorbeimarschiert, und unsere Posten hatten während dieser Zeit einen Feuerüberfall auf sie gemacht. Da es aber stockfinster war, hatte sich keine größere Schlacht daraus entspinnen können.

Bald ging's in einem munteren Tal weiter. Wir ritten über das alte Schlachtfeld unserer Division und stellten mit Erstaunen fest, daß statt unserer Leute nur französische Sanitäter zu sehen waren. Französische Soldaten sah man auch noch ab und zu. Sie machten aber ebenso dumme Gesichter wie wir. An Schießen hatte keiner gedacht. Wir machten uns dann möglichst rasch dünne; denn wir kamen so sachte dahinter, daß wir, statt vorwärts zu gehen, uns etwas rückwärts konzentriert hatten. Zum Glück war der Gegner nach der anderen Seite ausgerissen, sonst säße ich jetzt irgendwo in Gefangenschaft.

Wir kamen durch das Dorf Robelmont, wo wir am Tage zuvor unsere Infanterie zum letztenmal in Stellung gesehen hatten. Dort trafen wir einen Einwohner und fragten ihn nach dem Verbleib unserer Soldaten. Er war sehr glücklich und versicherte mir, die Deutschen wären "partis".

Wir kamen um eine Ecke und waren Zeugen von folgendem komischen Bilde. Vor uns wimmelte es von roten Hosen – ich schätzte etwa fünfzig bis hundert –, die eifrigst bemüht waren, an einem Eckstein ihre Gewehre zu zerschlagen. Daneben stehen sechs Grenadiere, die, wie es sich herausstellte, die Brüder gefangengenommen hatten. Wir halfen ihnen noch, die Franzosen abzutransportieren, und erfuhren durch die sechs Grenadiere, daß wir nachts eine rückwärtige Bewegung angetreten hatten.

Am späten Nachmittag erreichte ich mein Regiment und war ganz zufrieden mit dem Verlauf der letzten vierundzwanzig Stunden.

*

Hinter Metz, vor Paris bei Verdun, September 1914

Habe besten Dank für Deine letzten beiden Karten vom 21. und 24. Die Post kommt ganz unregelmäßig an. Die Karte vom 24. bekam ich acht Tage vor der anderen. Auch bekam ich einige Pakete mit Süßigkeiten. Vielen Dank dafür. Seit etwa acht Tagen ist eine Kavalleriedivision vor Paris. Ich glaube fast, daß Lothar das Glück hat, dabei zu sein. Er wird überhaupt mehr erlebt haben als ich, da ich ja hier vor Verdun sitze. Die Armee des Kronprinzen schließt Verdun von Norden her ab, und wir müssen warten, bis es sich ergibt. Verdun wird nicht belagert, sondern nur eingeschlossen. Die Befestigungen sind zu gewaltig, würden daher zu rasende Mengen von Munition und Menschenleben fordern, wenn man sie erstürmen wollte. Der Besitz von Verdun hätte für uns nicht dementsprechende Vorteile. Es ist nur schade, daß wir Ulanen 1 dadurch gebunden sind und den Krieg voraussichtlich hier beenden werden. Der Kampf um Verdun ist sehr schwer und verlangt täglich eine Unzahl Menschenleben. Gestern fielen wieder bei einem Angriff acht Offiziere von den 7. Grenadieren.

*

Vor Verdun, den 24. September 1914

Ich kann Dir eine frohe Botschaft verkünden. Gestern erhielt ich das Eiserne Kreuz.

Wie steht es denn mit Lemberg? Ich gebe Euch einen Rat: kommen die Russen, so vergrabt alles, was Ihr wiedersehen wollt, tief im Garten oder sonstwo. Was Ihr zurücklaßt, seht Ihr nie wieder.

Du wunderst Dich, daß ich soviel Geld zurücklege, aber nach dem Kriege muß ich mir alles neu anschaffen. Was ich mitgenommen habe, ist erledigt – verloren, verbrannt, von Granaten zerfetzt usw., mein Sattelzeug mit inbegriffen. Wenn ich noch lebendig aus diesem Krieg hervorgehen sollte, hätte ich mehr Glück als Verstand.

Langeweile vor Verdun

Für einen so unruhigen Geist, wie ich einer bin, war

Altmeister Boelcke, der Lehrer Richthofens

meine Tätigkeit vor Verdun durchaus mit "langweilig" zu bezeichnen. Anfangs lag ich selbst im Schützengraben an einer Stelle, wo nichts los war; dann wurde ich Ordonnanzoffizier und glaubte, nun mehr zu erleben. Da hatte ich mich aber arg in die Finger geschnitten. Ich wurde vom Kämpfenden zum besseren Etappenschwein degradiert. So ganz Etappe war es noch nicht, aber das Weiteste, was ich mich vorwagen durfte, war fünfzehnhundert Meter hinter die vordere Linie. Dort saß ich wochenlang unter der Erde in einem bombensicheren, geheizten Unterstand. Ab und zu wurde ich mit nach vorn genommen. Das war eine große körperliche Anstrengung. Denn man ging bergauf, bergab, die Kreuz und die Quer, durch unendlich viele Annäherungsgräben und Schlammlöcher hindurch, bis man dann endlich vorn dort angekommen war, wo es knallte. Bei einem so kurzen Besuch bei den Kämpfenden kam ich mir immer sehr dumm vor mit meinen gesunden Knochen.

Man fing damals an, unter der Erde zu arbeiten. Wir waren uns noch gar nicht klar darüber, was es eigentlich heißt, einen Stollen bauen oder eine Sappe vorschieben. Man kannte die Namen zwar aus der Befestigungslehre von der Kriegsschule her, aber das war nun mal Pionierarbeit, mit der sich ein anderer Sterblicher nicht gern beschäftigt hätte. Aber dort vorn an der Combres-Höhe buddelte alles emsig. Jeder hatte ein Grabscheit und eine Hakke und gab sich unendlich Mühe, möglichst tief in die Erde hineinzukommen. Es war ganz spaßig, die Franzosen an manchen Stellen nur auf fünf Schritt vor sich zu haben. Man hörte den Kerl sprechen, man sah ihn Zigaretten rauchen, ab und zu warf er ein Stück Papier herüber. Man unterhielt sich mit ihnen, und trotzdem suchte man sich auf alle möglichen Arten anzuärgern (Handgranaten).

Fünfhundert Meter vor und fünfhundert Meter hinter den Gräben war der dichte Wald der Côte Lorraine abgemäht durch die unendlich vielen Gewehrkugeln und Granaten, die dort ständig durch die Luft sausten. Man würde nicht glauben, daß dort vorn überhaupt noch ein Mensch leben könnte. Die Truppe vorne empfand es gar nicht mal so schlimm wie die Etappenleute.

Nach so einem Spaziergang, der meistenteils in den allerzeitigsten Morgenstunden stattfand, fing für mich wieder der langweiligere Teil des Tages an, nämlich Telefonordonnanz zu spielen.

An meinen freien Tagen beschäftigte ich mich mit meinem Lieblingshandwerk, dem Jagen. Der Wald von La Chaussée bot mir dazu reichlich Gelegenheit. Ich hatte bei meinen Spazierritten Sauen gespürt und war nun damit beschäftigt, diese ausfindig zu machen und mich nachts anzusetzen. Schöne Vollmondnächte mit Schnee kamen mir zu Hilfe. Ich baute mir mit Hilfe meines Burschen Hochsitze an ganz bestimmten Wechseln und bestieg diese nachts. Da habe ich so manche Nacht auf Bäumen zugebracht und wurde morgens als Eiszapfen wieder vorgefunden. Aber es hatte sich gelohnt. Besonders eine Sau war interessant, sie kam jede Nacht durch den See geschwommen, brach an einer bestimmten Stelle in einen Kartoffelacker und schwamm dann wieder zurück. Es reizte mich natürlich besonders, dieses Tier näher kennenzulernen. So setzte ich mich denn an dem Ufer dieses Sees an. Wie verabredet, erschien die alte Tante um Mitternacht, um sich ihr Nachtmahl zu holen. Ich schoß, während sie noch im See schwamm, traf, und das Tier wäre mir beinahe versoffen, wenn ich nicht noch im letzten Moment hätte zugreifen können, um sie an einem Lauf festzuhalten.

Ein andermal ritt ich mit meinem Burschen in einer ganz schmalen Schneise, da wechseln vor mir mehrere Stück Schwarzwild über sie. Ich schnell 'runter, den Karabiner meines Burschen ergriffen und einige hundert Schritt vorgelaufen. Tatsächlich, da kam noch ein Kerl, und zwar ein mächtiger Keiler. Ich hatte noch nie einen Keiler gesehen und war nun erstaunt, wie riesenhaft dieser Kerl aussah. Jetzt hängt er als Trophäe hier in meinem Zimmer; er ist eine schöne Erinnerung.

*

Vor Verdun, den 11. Oktober 1914

Gleich geht die Post ab; da möchte ich noch schnell einen Gruß an Dich mitsenden. In den letzten Tagen habe ich mal wieder viel erlebt. Fast hätte ich dran glauben müssen; aber ich hatte noch einmal Glück. Ich war auf Patrouille und war gerade abgesessen von meinem ganz ausgezeichneten Charger, da schlug eine Granate etwa fünf Schritt von mir ein und platzte auf dem Sattel meines Pferdes. Außer diesem blieben noch drei andere Pferde tot liegen. Mein Sattel und alles, was man gerade so braucht und ich in den Packtaschen hatte, ist natürlich in kleine Stücke gerissen. Ein Splitter zerriß mir meinen Umhang, sonst ist mir nichts passiert. Ich las gerade einen Brief von Tante Friedel; das dazugehörige Paketchen hatte ich noch nicht aufgemacht, sondern in meine Packtasche gesteckt – es war zu einer unförmigen Masse zerquetscht. Antithesis hatte ich auch mit; er hat einen kleinen Splitter in die Backenzähne bekommen – nicht weiter schlimm.

*

Béchamp, 2. November 1914

Wir liegen jetzt immer umschichtig wie Infanterie in den Schützengräben, zweitausend Meter vor uns die Franzosen. Auf die Dauer ziemlich langweilig, denn so vierundzwanzig Stunden ruhig dazuliegen, ist kein Vergnügen. Ab und zu kommen als einzige Abwechslung einige Granaten an, das ist alles, was ich in den letzten vier Wochen erlebt habe. Schade, daß wir nicht in der großen Feldschlacht tätig sind. Die Lage vor Verdun hat sich seit Wochen nicht um fünfzig Meter verschoben. Wir liegen in einem abgebrannten Dorf. Wedel und ich wohnen in einem Haus, wo man sich die Nase zuhalten muß. Reiten tut man selten, fast nie, da Antithesis krank und mein Fuchs tot ist; laufen noch weniger, mit anderen Worten: man hat gar keine Bewegung. – Essen tut man weniger gut als viel. Bei mir schlägt bekanntlich alles an – so bin ich denn jetzt dick wie eine Tonne. Wenn ich noch mal Rennen reiten sollte, so würde ich wohl einige Kuren brauchen müssen, bis ich mein normales Gewicht wieder habe. Ich hätte mir so gern noch das E.K. I geholt, habe aber keine Gelegenheit hierzu. Ich müßte dann als Franzose verkleidet nach Verdun laufen und dort einen Panzerturm in die Luft sprengen.

*

Côtes, 15. Januar 1915

Durch eine kurze Mitteilung ließ ich Dich schon wissen, daß ich bei der 18. Inf.-Brig. Ordonnanzoffizier geworden bin. Hier erlebt man doch etwas mehr als in Béchamp bei unserem Regiment. Im Bewegungskrieg wäre es natürlich umgekehrt. So bin ich ganz zufrieden mit meinem Posten. In den letzten Tagen war ziemlicher Betrieb oben auf der Côte. In der Nacht vom 27. zum 28. nahmen wir, Grenadier-Reg. 7, den Franzosen einen Graben weg. In der Nacht vom 29. zum 30. wollten die Franzosen ihn sich wiederholen, wurden aber glänzend abgeschmiert. Die Verluste waren Gott sei Dank verhältnismäßig gering. Jeder Kerl hier im Schützengraben ist ein Held, und ein Dichter hat richtig gesagt: "Es gibt nicht so viel Eisen, wie ihr Helden draußen seid." Jeder einzelne verdient das Eiserne; das muß jeder sagen, der unsere braven Leute kämpfen sieht. Lebe recht herzlich wohl, grüße Papa, Ilse und "Deutschlands Zukunft", Bolko.

Endlich!

So hatte ich es schon einige Monate ausgehalten, da kam eines schönen Tages etwas Bewegung in unseren Laden. Wir beabsichtigten eine kleine Offensive an unserer Front. Ich freute mich mächtig, denn nun mußte ja doch eigentlich der Ordonnanzoffizier zu seinem Ordonnanzieren kommen! Aber Kuchen! Es wurde mir etwas ganz anderes zugedacht, und dieses schlug dem Faß den Boden aus. Nun schrieb ich ein Gesuch an meinen Kommandierenden General, und böse Zungen behaupten, ich hätte gesagt: "Liebe Exzellenz, ich bin nicht in den Krieg gezogen, um Käse und Eier zu sammeln, sondern zu einem anderen Zweck." Man hat anfangs eigentlich auf mich einschnappen wollen, aber schließlich hat man mir meine Bitte gewährt, und so trat ich Ende Mai 1915 zur Fliegertruppe. So war mir mein größter Wunsch erfüllt.

Das erstemal in der Luft!

Morgens früh um sieben Uhr sollte ich zum erstenmal

mitfliegen! Ich war in einer etwas begreiflichen Aufregung, konnte mir so gar nichts darunter vorstellen. Jeder, den ich fragte, schnurrte mir etwas anderes vor. Abends ging ich zeitiger schlafen als sonst, um am nächsten Morgen für den großen Moment frisch zu sein. Wir fuhren rüber auf den Flugplatz, ich setzte mich zum erstenmal in ein Flugzeug. Der Propellerwind störte mich ganz ungeheuer. Eine Verständigung mit dem Führer war mir nicht möglich. Alles flog mir weg. Nahm ich ein Stück Papier heraus, verschwand es. Mein Sturzhelm verrutschte sich, der Schal löste sich, die Jacke war nicht fest genug zugeknöpft, kurz und gut, es war kläglich. Ich war noch gar nicht darauf gefaßt, schon loszusausen, da gab der Pilot bereits Vollgas, und die Maschine fing an zu rollen. Immer schneller, immer schneller. Ich hielt mich krampfhaft fest. Mit einem Male hörte die Erschütterung auf, und die Maschine war in der Luft. Der Erdboden sauste unter mir weg.

Man hatte mir gesagt, wo ich hinfliegen sollte, d.h. also, wo ich meinen Führer hinzudirigieren hatte. Wir flogen erst ein Stück geradeaus, dann machte mein Führer kehrt, noch mal kehrt, rechtsum, mal linksum, und ich hatte über meinem eigenen Flughafen die Orientierung verloren. Keine Ahnung mehr, wo ich mich befand! Ich fing so sachte an, mir mal die Gegend unter mir anzusehen. Die Menschen winzig klein, die Häuser wie aus einem Kinderbaukasten, alles so niedlich und zierlich. Im Hintergrund lag Köln. Der Kölner Dom ein Spielzeug. Es war doch ein erhabenes Gefühl, über allem zu schweben. Wer konnte mir jetzt was anhaben? Keiner! Daß ich nicht mehr wußte, wo ich war, war mir ganz Wurscht, und ich war ganz traurig, als mein Pilot meinte, jetzt müßten wir landen.

Am liebsten wäre ich gleich wieder geflogen. Daß ich irgendwelche Beschwerden, wie etwa bei einer Luftschaukel, gehabt hätte, daran ist nicht zu denken. Die berühmten Amerikanischen Schaukeln sind mir, nebenbei gesagt, widerlich. Man fühlt sich unsicher darin, aber im Flugzeug hat man das unbedingte Gefühl der Sicherheit. Man sitzt ganz ruhig auf seinem Sessel. Daß einem schwindlig wird, ist ganz ausgeschlossen. Es gibt keinen Menschen, dem im Flugzeug je schwindlig geworden wäre. Aber es ist ein verdammter Nervenkitzel, so durch die Luft zu sausen, besonders nachher, als es wieder 'runterging, das Flugzeug nach vorn kippte, der Motor aufhörte zu laufen und mit einemmal eine ungeheure Ruhe eintrat. Ich hielt mich wieder krampfhaft fest und dachte natürlich: "Jetzt stürzt du." Aber es ging alles so selbstverständlich und natürlich vor sich, auch das Landen, wie man wieder die Erde berührte, und alles war so einfach, daß einem das Gefühl der Angst absolut fehlte. Ich war begeistert und hätte den ganzen Tag im Flugzeug sitzen können. Ich zählte die Stunden bis zum nächsten Start.

*

Köln, den 6. Juni 1915

Hier bin ich nun endlich angekommen. Bei der Flieger-Ers.-Abt. 7 ist ein riesiger Apparat, um uns auszubilden. Wir sind dreißig, die alle als Beobachter ausgebildet werden sollen. Davon werden dann die besten ausgesucht und behalten. Es ist unter diesen Umständen natürlich äußerst schwierig und recht zweifelhaft, ob unter diesen Auserwählten gerade ich mich befinden werde.

Mit Holck in Rußland
(Sommer 1915)

Juni, Juli, August 1915 blieb ich bei der Fliegerabteilung, die den ganzen Vormarsch Mackensens von Gorlice nach Brest-Litowsk mitmachte. Ich war als ganz junger Beobachter dort hingekommen und hatte von Tuten und Blasen keine Ahnung.

Als Kavallerist war ja meine Beschäftigung Aufklären, so schlug der jetzige Dienst in mein Fach, und ich hatte großen Spaß an den riesigen Aufklärungsflügen, die wir fast täglich unternahmen.

Für den Beobachter ist es wichtig, einen gesinnungstüchtigen Führer zu finden. Da hieß es eines schönen Tages: "Graf Holck ist auf dem Anmarsch zu uns." Sofort kam mir der Gedanke: "Das ist der Mann, den du brauchst."

Holck erschien nicht, wie man wohl glauben könnte, im 60-PS-Mercedes oder im Schlafwagen erster Klasse, sondern zu Fuß. Er war nach tagelanger Bahnfahrt endlich in die Gegend von Jaroslau gekommen. Dort stieg er aus, denn es war wieder mal ein unendlicher Aufenthalt. Seinem Burschen sagte er, er möchte mit dem Gepäck nachreisen, er würde vorausgehen. Er zieht los, und nach einer Stunde Fußmarsch guckt er sich um, aber kein Zug folgt ihm. So lief und lief er, ohne von seinem Zuge überholt zu werden, bis er schließlich nach fünfzig Kilometern in Rawa Ruska, seinem Ziel, ankam und vierundzwanzig Stunden später der Bursche mit dem Gepäck erschien. Das war dem Sportsmann aber weiter keine ungewohnte Arbeit. Sein Körper war derart trainiert, daß ihm fünfzig Kilometer Fußmarsch nichts weiter ausmachten.

Graf Holck war nicht bloß ein Sportsmann auf dem grünen Rasen, der Flugsport machte ihm allem Anschein nach nicht weniger Vergnügen. Er war ein Führer von seltener Befähigung, und besonders eben, was ja noch eine große Hauptsache ist, er war große Klasse über dem Feind.

Manch schönen Aufklärungsflug flogen wir, wer weiß wie weit, Richtung Rußland. Nie hatte ich bei dem noch so jungen Piloten das Gefühl der Unsicherheit, vielmehr gab er mir im kritischen Moment einen Halt. Wenn ich mich umsah und in sein entschlossenes Gesicht blickte, hatte ich wieder noch mal so viel Mut wie vorher.

*

Mein letzter Flug mit ihm zusammen sollte beinahe schief gehen. Wir hatten eigentlich gar keinen bestimmten Auftrag zu fliegen. Das ist ja aber gerade das Schöne, daß man sich vollständig als freier Mensch fühlt und vollkommen sein eigener Herr ist, wenn man mal in der Luft ist.

Wir hatten einen Flughafenwechsel vorwärts und wußten nicht genau, welche Wiese nun eigentlich die richtige sei. Um unsere Kiste bei der Landung nicht unnötig aufs Spiel zu setzen, flogen wir Richtung Brest-Litowsk. Die Russen waren in vollem Rückmarsch, alles brannte – ein grausig-schönes Bild. Wir wollten feindliche Kolonnen feststellen und kamen dabei über die brennende Stadt Wiczniace. Eine riesige Rauchwolke, die vielleicht bis auf zweitausend Meter hinaufreichte, hinderte uns am Weiterfliegen, da wir selbst, um besser zu sehen, nur in fünfzehnhundert Meter Höhe flogen. Einen Augenblick überlegte Holck. Ich fragte ihn, was er machen wollte, und riet ihm, drumherum zu fliegen, was vielleicht ein Umweg von fünf Minuten gewesen wäre. Aber daran dachte Holck gar nicht. Im Gegenteil: je mehr sich die Gefahr erhöhte, um so reizvoller war es ihm. Also mittendurch! Mir machte es auch Spaß, mit einem so schneidigen Kerl zusammen zu sein. Doch sollte uns unsere Unvorsichtigkeit bald teuer zu stehen kommen, denn kaum war der Schwanz des Apparates in der Wolke verschwunden, schon merkte ich ein Schwanken im Flugzeug. Ich konnte nichts mehr sehen, der Rauch biß mir in die Augen, die Luft war bedeutend wärmer, und ich sah unter mir bloß noch ein riesiges Feuermeer. Plötzlich verlor das Flugzeug das Gleichgewicht und stürzte, sich überschlagend, in die Tiefe. Ich konnte noch schnell eine Strebe erfassen, um mich festzuhalten, sonst wäre ich rausgeschleudert worden. Das erste, was ich tat, war ein Blick in Holcks Gesicht. Schon hatte ich wieder Mut gefaßt, denn seine Mienen waren eisern zuversichtlich. Der einzige Gedanke, den ich hatte, war der: es ist doch dumm, auf so unnötige Weise den Heldentod zu sterben.

Später frage ich Holck, was er sich eigentlich in dem Augenblick gedacht hätte. Da meinte er, daß ihm doch noch nie so eklig zumute gewesen sei.

Wir stürzten herunter bis auf fünfhundert Meter über die brennende Stadt. War es die Geschicklichkeit meines Führers oder höhere Fügung, vielleicht auch beides, jedenfalls waren wir plötzlich aus der Rauchwolke herausgefallen, der gute Albatros fing sich wieder und flog erneut geradeaus, als sei nichts vorgefallen.

Wir hatten nun doch die Nase voll von unserem Flughafenwechsel und wollten schleunigst zu unseren Linien zurückkehren. Wir waren nämlich noch immer weit drüben bei den Russen und zudem nur noch in fünfhundert Meter Höhe. Nach etwa fünf Minuten ertönte hinter mir die Stimme Holcks: "Der Motor läßt nach."

Ich muß hinzufügen, daß Holck von einem Motor nicht ganz dieselbe Ahnung hatte wie von einem "Hafervergaser", und ich selbst war vollständig schimmerlos. Nur eines wußte ich, daß, wenn der Motor nicht mehr mitmachte, wir bei den Russen landen mußten. Also kamen wir aus der einen Gefahr in die andere.

Ich überzeugte mich, daß die Russen unter uns noch flott marschierten, was ich aus fünfhundert Meter Höhe genau sehen konnte. Im übrigen brauchte ich gar nichts zu sehen, denn der Rußki schoß mit Maschinengewehren wie verfault. Es hörte sich an, als wenn Kastanien im Feuer liegen.

Der Motor hörte bald ganz auf zu laufen, er hatte einen Treffer. So kamen wir immer tiefer, bis wir gerade noch über einem Wald ausschwebten und schließlich in einer verlassenen Artilleriestellung landeten, die ich noch am Abend vorher als besetzte russische Artilleriestellung gemeldet hatte.

Ich teilte Holck meine Vermutungen mit. Wir sprangen raus aus der Kiste und versuchten, das nahe Waldstückchen zu erreichen, um uns dort zur Wehr zu setzen. Ich verfügte über eine Pistole und sechs Patronen, Holck hatte nichts.

Am Waldrande angekommen, machten wir halt, und ich konnte mit meinem Glase erkennen, wie ein Soldat auf unser Flugzeug zulief. Zu meinem Schreck stellte ich fest, daß er eine Mütze trug und nicht eine Pickelhaube. Das hielt ich für ein sicheres Zeichen, daß es ein Russe sei. Als der Mann näher kam, stieß Holck einen Freudenschrei aus, denn es war ein preußischer Gardegrenadier.

Unsere Elitetruppe hatte wieder einmal die Stellung

beim Morgengrauen gestürmt und war bis zu den feindlichen Batteriestellungen durchgebrochen.

*

Ich erinnere mich, daß Holck bei dieser Gelegenheit seinen kleinen Liebling, ein Hündchen, verlor. Er nahm das Tierchen bei jedem Aufstieg mit, es lag ganz ruhig in seinem Pelz unten in der Karosserie. Im Walde hatten wir es noch mit. Kurz darauf, als wir mit dem Gardegrenadier gesprochen hatten, kamen Truppen vorbeigezogen. Dann kamen Stäbe von der Garde und Prinz Eitel Friedrich mit seinen Adjutanten und Ordonnanzoffizieren. Der Prinz ließ uns Pferde geben, so daß wir beiden Kavallerieflieger mal wieder auf richtigen "Hafermotoren" saßen. Leider ging uns beim Weiterreiten das Hündchen verloren. Es muß wohl mit anderen Truppen mitgelaufen sein.

Spätabends kamen wir schließlich mit einem Panjewagen in unseren Flughafen zurück. Die Maschine war futsch.

Rußland – Ostende
Vom Zweisitzer zum Großkampfflugzeug

Nachdem in Rußland unsere Unternehmungen so sachte zum Stehen kamen, wurde ich plötzlich zu einem Großkampfflugzeug, zur B.A.O. nach Ostende versetzt (21.

August 1915). Ich traf da einen alten Bekannten, Zeumer, und außerdem verlockte mich der Name "Großkampfflugzeug".

August 1915 traf ich in Ostende ein. Auf dem Bahnhof in Brüssel hatte mich mein guter Freund Zeumer abgeholt. Nun verlebte ich eigentlich eine sehr nette Zeit, die aber wenig Kriegerisches an sich hatte, aber sie war als Lehrzeit zum Kampfflieger unentbehrlich. Wir flogen viel, hatten selten Luftkämpfe und nie Erfolge. Dafür aber war das sonstige Leben reizvoll. Am Strand von Ostende hatten wir ein Hotel beschlagnahmt. Jeden Nachmittag badeten wir. Leider waren als Kurgäste nur Soldaten zu sehen. Auf den Terrassen von Ostende saßen wir, in unsere bunten Bademäntel gehüllt, und tranken nachmittags unseren Kaffee.

*

Wir saßen wieder mal, wie üblich, am Strande bei unserem Kaffee. Plötzlich ein Tuten, das hieß: ein englisches Seegeschwader ist gemeldet.

Natürlich ließen wir uns durch derartige Alarmnachrichten in unserer Gemütlichkeit nicht stören und tranken weiter. Da ruft einer: "Da sind sie!" Und tatsächlich konnten wir am Horizont, wenn auch nicht sehr deutlich, einige qualmende Schornsteine und später auch Schiffe erkennen. Schnell wurden die Ferngläser geholt und beobachtet. Wir sahen eine ganz stattliche Zahl von Schiffen. Was sie eigentlich machen wollten, war uns unklar, aber bald sollten wir eines Besseren belehrt werden. Wir stiegen auf das Dach, um von dort oben mehr zu sehen. Mit einem Male pfeift's, gleich darauf ein Riesenknall, und eine Granate schlägt am Strand ein, wo wir eben noch im Wasser waren. So schnell bin ich noch nie in den Heldenkeller gestürzt wie in diesem Moment. Das englische Geschwader schoß noch vielleicht drei-, viermal auf uns und richtete sich dann in der Hauptsache gegen den Ostender Hafen und Bahnhof. Getroffen haben sie natürlich nichts. Aber sie haben die Belgier in mächtige Aufregung versetzt. Eine Granate sauste mitten in das schöne Palasthotel am Strande von Ostende. Dies war der einzige Schaden. Zum Glück ist es englisches Kapital, das sie selbst vernichtet haben.

*

Abends wurde dann wieder feste geflogen. Bei einem unserer Flüge waren wir mit unserem Großkampfflugzeug sehr weit hinaus auf See gekommen. Das Ding hatte zwei Motoren, und wir probierten hauptsächlich ein neues Steuer aus, das uns ermöglichen sollte, auch mit einem Motor weiter geradeaus zu fliegen. Wie wir ziemlich weit draußen sind, sehe ich unter uns, nicht auf dem Wasser, sondern – wie es mir schien – unter dem Wasser, ein Schiff schwimmen. Es ist ganz eigentümlich: Man kann von oben aus bei etwas ruhigem Seegang bis auf den Meeresgrund hinuntersehen. Natürlich nicht vierzig Kilometer tief, aber so einige hundert Meter Wasser kann man glatt durchschauen. Ich hatte mich auch nicht getäuscht, daß das Schiff nicht über Wasser, sondern unter Wasser schwamm, und trotzdem sah ich es so, als sei es oben. Ich machte Zeumer darauf aufmerksam, und wir gingen etwas tiefer hinunter, um Näheres zu erkennen. Ich bin zu wenig Marinemann, um gleich sagen zu können, was es gewesen ist; aber so sachte kapierte ich denn doch, daß es ein U-Boot war. Aber welcher Nationalität? Das ist nun wieder eine zweite schwierige Frage, die meiner Ansicht nach nur ein Marinemann lösen kann – und der auch nicht immer. Farbe ist so gut wie gar nicht zu erkennen. Die Flagge schon erst recht nicht. Außerdem hat ja wohl so ein U-Boot gar nichts dergleichen. Wir hatten zwei Bomben mit, und ich war mir sehr im Zweifel: sollte ich werfen, oder sollte ich nicht werfen? Das U-Boot hatte uns nicht gesehen, denn es war halb unter Wasser. Wir konnten aber über dem Ding ganz ruhig herfliegen und hätten den Moment abpassen können, wo es auftauchte, um Luft zu schnappen, um unsere Eier zu legen. Das ist ganz bestimmt ein sehr kritischer Punkt für unsere Schwesterwaffe. Wie wir noch eine ganze Weile mit den Kerlen da unten rumgekindscht hatten, merkte ich plötzlich, wie aus dem einen unserer Kühler sich so sachte das Wasser empfahl. Dieses schien mir als "Franz" nicht ganz geheuer, und ich machte meinen "Emil" darauf aufmerksam. Der zog sein Gesicht in die Länge und machte nun, daß er nach Hause kam. Aber wir waren schätzungsweise zwanzig Kilometer von der Küste entfernt, und die wollen erst zurückgeflogen sein. Der Motor ließ so sachte nach, und ich machte mich schon im stillen auf ein kaltes und feuchtes Bad gefaßt. Aber siehe da, es ging! Der Riesenäppelkahn ließ sich mit einem Motor und dem neuen Steuer großartig deichseln, und wir erreichten noch glatt die Küste und konnten dort sehr schön auf unserem nahen Hafen landen.

Glück muß der Mensch haben. Hätten wir nicht das neue Steuer an diesem Tage ausprobiert, wir wären rettungslos versoffen.

Ein Tropfen Blut fürs Vaterland
(Ostende)

Verwundet bin ich eigentlich nie worden. Ich habe wohl immer im entscheidenden Moment den Kopf weggenommen und den Bauch eingezogen. Oft habe ich mich gewundert, daß sie mich nicht gehascht haben. Einmal ging mir ein Schuß durch beide Pelzstiefel durch, ein andermal durch meinen Schal, wieder einmal an meinem Arm durch den Pelz und die Lederjacke durch, aber nie hat es mich berührt.

Da flogen wir eines schönen Tages mit unserem Großkampfflugzeug los, um die Engländer etwas mit Bomben zu erfreuen, erreichten das Ziel, die erste Bombe fällt. Es ist natürlich sehr interessant festzustellen, wie der Erfolg dieser Bombe ist. Wenigstens den Einschlag möchte man immer gerne sehen. Mein Großkampfflugzeug, das sich für das Bombenschleppen ganz gut eignete, hatte aber die dumme Eigenschaft, daß man von der abgeworfenen Bombe den Einschlag schlecht sehen konnte, denn das Flugzeug schob sich nach dem Abwurf über das Ziel weg und verdeckte es mit seinen Flächen vollkommen. Dieses ärgerte mich immer, denn man hatte so wenig Spaß davon. Wenn's unten knallt und man die lieblich grau-weiße Wolke der Explosion sieht und sie auch in der Nähe des Zieles liegt, macht es einem viel Freude. So winkte ich meinen guten Zeumer ein und wollte eigentlich, daß er so etwas mit dem Tragdeck beiseite ging. Dabei vergaß ich, daß das infame Ding, mein Äppelkahn, zwei Propeller hatte, die sich rechts und links neben meinem Beobachtersitz drehten. Ich zeigte ihm ungefähr den Einschlag der Bombe – und patsch! habe ich eins auf die Finger. Etwas verdutzt anfangs, stellte ich dann fest, daß mein kleiner Finger zu Schaden gekommen war. Zeumer hatte nichts gemerkt.

Das Bombenwerfen war mir verleidet, schnell wurde ich meine letzten Dinger los, und wir machten, daß wir nach Hause kamen.

Meine Liebe zum Großkampfflugzeug, die sowieso etwas schwach war, hatte durch diesen Bombenwurf schwer gelitten. Ich mußte nun acht Tage lang hocken und durfte nicht mitfliegen. Jetzt ist es nur noch ein Schönheitsfehler, aber ich kann doch wenigstens mit Stolz sagen: "Ich habe auch eine Kriegsverwundung."

Mein erster Luftkampf
(1. September 1915)

Zeumer und ich hätten zu gerne mal einen Luftkampf gehabt. Wir flogen natürlich unser Großkampfflugzeug. Schon allein der Name des Kahnes gab uns einen solchen Mut, daß wir es für ausgeschlossen hielten, ein Gegner könnte uns entgehen.

Wir flogen am Tage fünf bis sechs Stunden, ohne je einen Engländer gesehen zu haben. Schon ganz entmutigt begaben wir uns eines Morgens wieder auf Jagd. Mit einemmal entdeckte ich einen Farman, der ungeniert seine Aufklärung fliegen wollte. Mir pochte das Herz, wie Zeumer auf ihn zuflog. Ich war gespannt, was sich nun eigentlich abspielen würde. Ich hatte nie einen Luftkampf gesehen und machte mir nur ganz dunkle Vorstellungen, so etwa wie du, mein lieber Leser.

Ehe ich mich versah, waren wir beide, der Engländer und ich, aneinander vorbeigesaust. Ich hatte höchstens vier Schuß abgegeben, während der Engländer plötzlich hinter uns saß und uns den ganzen Laden voll schoß. Ich muß sagen, ich hatte nicht das Gefühl der Gefahr, weil ich mir auch gar nicht vorstellen konnte, wie nun eigentlich das Endresultat so eines Kampfes aussehen würde. Wir drehten uns noch einige Male umeinander, bis schließlich der Engländer zu unserem größten Erstaunen ganz vergnügt kehrtmachte und weiterflog. Ich war stark enttäuscht, mein Führer auch.

Zu Hause angekommen, waren wir beide sehr schlechter Laune. Er machte mir Vorwürfe, ich hätte schlecht geschossen, ich machte ihm Vorwürfe, er hätte mich nicht recht zum Schuß gebracht – kurz und gut, unsere Flugzeug-Ehe, die sonst so tadellos war, hatte mit einmal einen Knacks.

Wir beschauten uns unsere Kiste und stellten fest, daß wir eigentlich eine ganz anständige Zahl von Treffern drinnen hatten.

Noch am selben Tage unternahmen wir einen zweiten Jagdflug, der aber ebenso ergebnislos blieb. Ich war sehr traurig, denn ich hatte es mir bei einem Kampfgeschwader ganz anders vorgestellt. Ich glaubte immer, wenn ich mal zum Schuß käme, dann müßte der Bruder auch fallen. Bald mußte ich mich aber davon überzeugen, daß so ein Flugzeug ungeheuer viel verträgt. Schließlich gelangte ich zu der Überzeugung, ich könne noch so viel schießen und würde doch nie einen runterbekommen.

An Mut hatten wir es nicht fehlen lassen. Zeumer konnte fliegen wie selten einer, und ich war ein ganz leidlicher Kugelschütze. Wir standen also vor einem Rätsel. Es ging nicht bloß mir alleine so, sondern es geht noch heute vielen anderen ebenso. Die Geschichte will eben wirklich verstanden sein.

In der Champagne-Schlacht

Die schöne Zeit in Ostende war nur sehr kurz, denn bald entbrannte die Schlacht in der Champagne, und wir flogen nach dieser Front, um uns dort weiter mit dem Großkampfflugzeug zu betätigen. Wir bemerkten bald, daß die Klamotte zwar ein großes Flugzeug war, aber niemals ein Kampfflugzeug abgab.

Einmal flog ich mit Osteroth, der ein etwas kleineres Flugzeug hatte als der Äppelkahn (das Großkampfflugzeug). Etwa fünf Kilometer hinter der Front trafen wir mit einem Farman-Zweisitzer zusammen. Er ließ uns ruhig rankommen, und ich sah zum ersten Male einen Gegner so ganz aus nächster Nähe in der Luft. Osteroth flog sehr geschickt so neben ihm her, daß ich ihn gut unter Feuer nehmen konnte. Der Gegner hatte uns wohl gar nicht bemerkt, denn ich hatte bereits meine erste Ladehemmung, als er anfing, wiederzuschießen. Nachdem ich meinen Patronenkasten von hundert Schuß verschossen hatte, glaubte ich meinen Augen nicht trauen zu können, wie mit einem Male der Gegner in ganz seltsamen Spiralen niederging. Ich verfolgte ihn mit den Augen und klopfte Osteroth auf den Kopf. Er fällt, er fällt, und tatsächlich fiel er in einen großen Sprengtrichter; man sah ihn darin auf dem Kopf stehen, Schwanz nach oben. Auf der Karte stellte ich fest: fünf Kilometer hinter der jetzigen Front lag er. Wir hatten ihn also jenseits abgeschossen. In damaliger Zeit wurden aber Abschüsse jenseits der Front nicht bewertet, sonst hätte ich heute einen mehr auf meiner Liste. Ich war aber sehr stolz auf meinen Erfolg, und im übrigen ist es ja die Hauptsache, wenn der Kerl unten liegt, also nicht, daß er einem als Abschuß angerechnet wird.

Wie ich Boelcke kennenlernte

Zeumer verpaßte sich in dieser Zeit einen Fokker-Eindecker, und ich konnte zusehen, wie er allein durch die Welt segelte. Die Champagne-Schlacht tobte. Die französischen Flieger machten sich bemerkbar. Wir sollten zu einem Kampfgeschwader zusammengestellt werden und fuhren am 1. Oktober 1915 nach. Im Speisewagen saß am Nebentisch ein junger unscheinbarer Leutnant. Es lag auch kein Grund für ihn vor, besonders aufzufallen, nur eine Tatsache stand fest: er war von uns allen der einzige, der bereits mal einen feindlichen Flieger abgeschossen hatte, und zwar nicht nur einen, sondern schon vier. Er war sogar mit Namen im Heeresbericht genannt. Er imponierte mir auf Grund seiner Erfahrungen ganz rasend. Ich konnte mir noch so große Mühe geben, ich hatte bis dahin noch immer keinen zur Strecke gebracht, jedenfalls war mir noch keiner anerkannt worden. Zu gerne hätte ich erfahren, wie dieser Leutnant Boelcke das nun eigentlich machte. So stellte ich an ihn die Frage: "Sagen Sie mal bloß, wie machen Sie's denn eigentlich?" Er lachte sehr belustigt, dabei hatte ich aber wirklich ernst gefragt. Dann antwortete er mir: "Ja, Herrgott, ganz einfach. Ich fliege eben ran und ziele gut, dann fällt er halt herunter." Ich schüttelte bloß den Kopf und meinte, das täte ich doch auch, bloß daß er eben bei mir nicht runterfiele. Der Unterschied war allerdings der, er flog Fokker und ich mein Großkampfflugzeug.

Ich gab mir Mühe, diesen netten bescheidenen Menschen, der mir wahnsinnig imponierte, näher kennenzulernen. Wir spielten oft Karten zusammen, gingen spazieren, und ich fragte ihn aus. So reifte in mir der Entschluß: "Du mußt selber einen Fokker fliegen lernen, dann wird es vielleicht besser gehen."

Mein Sinnen und Trachten ging nun dahin, zu lernen, selbst "den Knüppel zu führen". Denn ich war bisher immer nur Beobachter gewesen. Es bot sich bald Gelegenheit, auf einer alten Klamotte in der Champagne zu schulen. Ich betrieb das mit großem Eifer und war nach fünfundzwanzig Schulflügen vor dem Alleinflug.

Der erste Alleinflug
(10. Oktober 1915)

Es gibt so einige Augenblicke im Leben, die einen besonderen Nervenkitzel verursachen, so zum Beispiel der erste Alleinflug.

Zeumer, mein Lehrer, erklärte mir eines Abends: "So, nun flieg mal alleine los." Ich muß sagen, daß ich ihm am liebsten geantwortet hätte: "Ich habe zu große Angst." Aber dies Wort soll ja der Vaterlandsverteidiger niemals in den Mund nehmen. Also mußte ich wohl oder übel meinen Schweinehund runterschlucken und mich in die Maschine setzen.

Er erklärte mir noch einmal jeden Griff theoretisch; ich hörte nur noch mit halbem Ohre zu, denn ich war der festen Überzeugung: Du vergißt doch die Hälfte.

Ich rollte zum Start, gab Gas, die Maschine bekam ihre bestimmte Geschwindigkeit, und mit einem Male konnte ich nicht umhin festzustellen, daß ich tatsächlich flog. Es war schließlich kein ängstliches, sondern ein verwegenes Gefühl. Mir war jetzt alles Wurscht. Mochte passieren, was da wollte, ich wäre über nichts mehr erschrocken gewesen. Mit Todesverachtung machte ich eine Riesenlinkskurve, stellte an dem genau bezeichneten Baum das Gas ab und wartete der Dinge, die sich nun ereignen würden. Nun kam das Schwierigste, die Landung. Mir waren die notwendigen Handgriffe genau in Erinnerung. Ich machte sie mechanisch nach, jedoch reagierte die Maschine ganz anders als sonst, wo Zeumer drin saß. Ich war aus dem Gleichgewicht gebracht, machte einige falsche Bewegungen, stand auf dem Kopf, und schon gab es wieder mal eine "Schulmaschine". Sehr traurig beguckte ich mir den Schaden, der sich zum Glück bald beheben ließ, und hatte im übrigen noch den Spott auf meiner Seite.

Zwei Tage später ging ich mit rasender Passion wieder an mein Flugzeug, und siehe da, es ging wunderbar.

Nach vierzehn Tagen konnte ich die erste Prüfung machen. Ein Herr v. T. war Richter. Ich flog die mir vorgeschriebenen Achten und die mir befohlenen Landungen, worauf ich sehr stolz ausstieg und nun zu meinem größten Erstaunen hörte, daß ich durchgefallen sei. Mir blieb nichts anderes übrig, als später meine erste Prüfung noch einmal zu machen.

*

Réthel, 2. November 1915

Eben kommen die neuen Fliegerhandschuhe an. Du kannst Dir kaum denken, wie ich mich über sie gefreut habe. Habe recht, recht herzlichen Dank dafür. Da Du ja weißt, daß ich Änderungen und Abwechslungen sehr gern hatte, wird es Dich gewiß nicht wundern, wenn ich Dir mitteile, daß ich beabsichtige, die schöne Champagne in nächster Zeit wieder zu verlassen. Ich bin zu einem Riesenflugzeug kommandiert, aber leider ist es noch nicht fertig. Deshalb müssen mein Führer, ein Herr v. Osteroth, und ich in nächster Zeit nach Berlin, um uns mit dem Riesenkahn anzufreunden. Er soll fast so viel Bomben schleppen können wie ein Zeppelin. Fünf bis sechs Mann fliegen darauf mit: Monteur, Maschinengewehrschütze, zwei Führer, ein Beobachter. Ich bin sehr gespannt auf die Kiste. Hoffentlich werden wir uns dann auch öfter sehen. Ihr wolltet doch jetzt auch nach Berlin kommen.

Aus meiner Döberitzer Ausbildungszeit

Um meine Examina bestehen zu können, mußte ich nach Berlin. Ich benutzte die Gelegenheit, um als Beobachter ein Riesenflugzeug in Berlin auf den Schwung zu bringen, und ließ mich dazu nach Döberitz kommandieren (15. November 1915). Für das Riesenflugzeug hatte ich anfangs großes Interesse. Aber es ist komisch, gerade durch das Riesending wurde mir klar, daß nur das kleinste Flugzeug für meine Zwecke als Kampfflieger etwas taugen kann. So ein großer Äppelkahn ist zum Kämpfen zu unbeweglich, und das ist ja eben die Hauptsache für mein Geschäft.

Der Unterschied zwischen einem Großkampfflugzeug und einem Riesenflugzeug ist der, daß das Riesenflugzeug noch erheblich größer ist und mehr dem Zwecke für Bomben dient und weniger zum Kampfe.

Meine Prüfungen machte ich nun in Döberitz, zusammen mit einem lieben Menschen, Oberleutnant v. Lynker. Wir beide vertrugen uns gut und hatten dieselben Passionen, auch dieselbe Auffassung über unsere spätere Tätigkeit. Unser Ziel war Fokkerfliegen, um zusammen zu einer Jagdstaffel nach dem Westen zu kommen. Ein Jahr später haben wir es erreicht, zusammen wirken zu können, wenn auch nur für kurze Zeit, denn meinen guten Freund ereilte bei seinem dritten Abschuß die tödliche Kugel.

Oft haben wir in Döberitz lustige Stunden verlebt. So war z.B. eine Bedingung: "Außenlandungen".

Startbereite Jagdstaffel auf einem Feldflugplatz

Ich verband bei dieser Gelegenheit das Notwendige mit dem Angenehmen. Zu meinem Außenlandeplatz suchte ich mir ein mir bekanntes Gut Buchow aus. Dort war ich auf Saujagd eingeladen, bloß vertrug sich die Sache schlecht mit meinem Dienst, denn an schönen Abenden wollte ich fliegen und trotzdem meiner Jagdpassion nachgehen. So legte ich mir meinen Außenlandeplatz so, daß ich von dort aus bequem meine Jagdgründe erreichen konnte.

Ich nahm mir einen zweiten Piloten als Beobachter mit und schickte diesen abends zurück. Nachts setzte ich mich auf Sauen an und wurde am nächsten Morgen von diesem Piloten wieder abgeholt.

Wenn ich nicht hätte angeholt werden können, so wäre ich ziemlich auf dem Trockenen gewesen, da mir ein Fußmarsch von etwa zehn Kilometern geblüht hätte. So brauchte ich einen Mann, der mich bei jedem Wetter von meinem Hochsitz abholte. Es ist aber nicht jedermanns Sache, auf Wetter gar keine Rücksicht zu nehmen, doch es gelang mir, einen Gesinnungstüchtigen zu finden.

Eines Morgens, nachdem ich die Nacht wieder draußen zugebracht hatte, begann ein ungeheures Schneegestöber. Man konnte nicht fünfzig Meter weit sehen. Acht Uhr war es gerade, die angegebene Zeit, zu der mich der Pilot abholen sollte. Im stillen hoffte ich, er würde es diesmal sein lassen. Aber mit einem Male hörte ich ein Summen – sehen konnte ich nichts – fünf Minuten später lag mein schöner Vogel etwas verbogen vor mir.

Am Weihnachtstage 1915 machte ich mein drittes Examen. Ich verband damit einen Flug nach Schwerin und sah mir dort die Fokker-Werke an. Als Beobachter nahm ich mir meinen Monteur mit und flog dann später mit ihm von Berlin nach Breslau, von Breslau nach Schweidnitz, von Schweidnitz nach Lüben, von Lüben nach Berlin, überall zwischenlandend, Bekannte und Verwandte aufsuchend. Das Orientieren im Flugzeug fiel mir als altem Beobachter nicht schwer.

März war ich beim Kampfgeschwader 2 vor Verdun und lernte nun den Luftkampf als Flugzeugführer, das heißt, ich lernte das Flugzeug im Kampfe zu beherrschen. Ich flog dazu einen Zweisitzer.

*

Im Heeresbericht vom 26. April 1916 bin ich zum ersten Male, wenn auch nicht persönlich genannt, so doch durch eine meiner Taten erwähnt. Ich hatte mir auf meine Maschine ein Gewehr oben zwischen die Tragdecks im Geschmack, wie es der Nieuport hat, aufgebaut und war auf diese Konstruktion allein schon sehr stolz. Man lachte wohl etwas darüber, denn sie sah sehr primitiv aus. Ich schwor natürlich darauf und hatte bald Gelegenheit, sie praktisch zu verwerten.

Ich begegnete einem Nieuport, der scheinbar auch Anfänger war, denn er benahm sich furchtbar töricht. Ich flog auf ihn zu, worauf er ausriß. Offenbar hatte er eine Ladehemmung. Ich hatte nicht das Gefühl, als ob ich kämpfen würde, vielmehr: "Was wird jetzt erfolgen, wenn du auf ihn schießt?" Ich fliege 'ran, zum erstenmal auf eine ganz, ganz nahe Entfernung, drücke auf den Knopf des Maschinengewehrs, eine kurze Serie wohlgezielter Schüsse, mein Nieuport bäumt sich auf und überschlägt sich. Anfangs glaubten wir, mein Beobachter und ich, es sei eins der vielen Kunststücke, die einem die Franzosen vorzumachen pflegen. Dieses Kunststück wollte aber nicht aufhören, es ging immer tiefer, immer tiefer; da klopft mir mein "Franz" auf den Kopf und ruft mir zu: "Ich gratuliere, der fällt!" Tatsächlich fiel er in einen Wald hinter dem Fort Douaumont und verschwand zwischen den Bäumen. "Den hast du abgeschossen", das war mir klar. Aber – jenseits! Ich flog nach Hause, meldete weiter nichts als: "Ein Luftkampf, ein Nieuport abgeschossen." Einen Tag darauf las ich diese meine Heldentat im Heeresbericht. Ich war nicht schlecht stolz darauf, aber zu meinen zweiundfünfzig zählt dieser Nieuport nicht.

*

Heeresbericht vom 26. April 1916

Zwei feindliche Flugzeuge sind über Fleury, südlich von Douaumont und westlich davon, im Luftkampf abgeschossen.

Holck †
(30. April 1916)

Als junger Flugzeugführer flog ich mal bei einem Jagdfluge über das Fort Douaumont hinweg, auf dem gerade heftiges Trommelfeuer lag. Da sah ich, wie ein deutscher Fokker drei Caudrons angriff. Zu seinem Pech war aber sehr starker Westwind. Also ungünstiger Wind. Er wurde im Laufe des Kampfes über die Stadt Verdun hinausgetrieben. Ich machte meinen Beobachter darauf aufmerksam, der auch meinte, das muß ein ganz schneidiger Kerl sein. Wir überlegten, ob es Boelcke sein könnte, und wollten uns nachher danach erkundigen. Da sah ich aber zu meinem Schrecken, wie aus dem Angreifer ein Verteidiger wurde. Der Deutsche wurde von den Franzosen, die sich mittlerweile auf mindestens zehn Flugzeuge verstärkt hatten, immer mehr heruntergedrückt. Ihm zu Hilfe kommen konnte ich nicht. Ich war zu weit ab von den Kämpfenden und kam zudem in meiner schweren Maschine nicht gegen den Wind an. Der Fokker wehrte sich verzweifelt. Jetzt hatten ihn die Feinde schon mindestens auf sechshundert Meter heruntergedrückt. Da wurde er plötzlich von einem seiner Verfolger erneut angegriffen. Er verschwand in einem Sturzflug in einer Kumuluswolke. Ich atmete auf, denn das war meiner Ansicht nach seine Rettung.

Zu Hause angekommen, erzählte ich, was ich gesehen hatte, und erfuhr, daß es Holck, mein alter Kampfgenosse aus dem Osten, war, der vor kurzem vor Verdun Jagdflieger geworden war.

Mit Kopfschuß war Graf Holck senkrecht abgestürzt. Es ging mir sehr nahe, denn er war nicht bloß ein Vorbild an Schneid, er war eben auch als Mensch eine Persönlichkeit, wie es nur wenige gibt.

Ein Gewitterflug

Unsere Tätigkeit vor Verdun im Sommer 1916 wurde durch häufige Gewitterstürme gestört. Nichts Unangenehmeres gibt es für einen Flieger, als durch ein Gewitter hindurch zu müssen. Während der Somme-Schlacht zum Beispiel landete ein ganzes englisches Geschwader hinter unseren Linien, weil es durch ein Gewitter überrascht wurde. Es geriet so in Gefangenschaft.

Ich hatte noch nie den Versuch gemacht, durch ein Gewitter hindurchzufliegen, und konnte es mir nicht verkneifen, das doch mal auszuprobieren. In der Luft war den ganzen Tag eine richtige Gewitterstimmung. Von meinem Flughafen Mont war ich nach dem nahen Metz hinübergeflogen, um dort einiges zu erledigen. Da ereignete sich bei meinem Nachhauseflug folgendes:

Ich war auf dem Flugplatz in Metz und wollte zu meinem Flughafen zurück. Als ich meine Maschine aus der Halle zog, machten sich die ersten Anzeichen eines nahen Gewittersturmes bemerkbar. Der Wind kräuselte den

Sand, und eine pechschwarze Wand zog von Norden her heran. Alte, erfahrene Piloten rieten mir dringend ab, zu fliegen. Ich hatte aber fest versprochen zu kommen, und es wäre mir furchtsam erschienen, wenn ich wegen eines dummen Gewitters ausgeblieben wäre. Also, Gas gegeben und mal probiert! Schon beim Start fing's an zu regnen. Die Brille mußte ich wegwerfen, um überhaupt etwas sehen zu können. Das Üble war, daß ich über die Moselberge wegmußte, durch deren Täler gerade der Gewittersturm brauste. Ich dachte mir: "Nur zu, es wird schon glücken", und näherte mich mehr und mehr der schwarzen Wolke, die bis auf die Erde herunterreichte. Ich flog so niedrig wie möglich. Über Häuser und Baumreihen mußte ich teilweise hinwegspringen. Wo ich war, wußte ich schon lange nicht mehr. Der Sturm erfaßte meinen Apparat wie ein Stück Papier und trieb ihn vor sich her. Mir saß das Herz doch etwas tiefer. Landen konnte ich nicht mehr in den Bergen, also mußte durchgehalten werden.

Um mich herum war es schwarz, unter mir bogen sich die Bäume im Sturm. Plötzlich lag vor mir eine bewaldete Höhe. Ich mußte auf sie zu, mein guter Albatros schaffte es und riß mich darüber hinweg. Ich konnte nur noch geradeaus fliegen; jedes Hindernis, das kam, mußte genommen werden. Es war die reine Springkonkurrenz über Bäume, Dörfer, besonders Kirchtürme und Schornsteine, da ich höchstens noch fünf Meter hoch fliegen konnte, um in der schwarzen Gewitterwolke überhaupt noch etwas zu sehen. Um mich herum zuckten die Blitze. Ich wußte damals noch nicht, daß der Blitz nicht in das Flugzeug schlagen kann. Ich glaubte den sicheren Tod vor Augen zu haben, denn der Sturm mußte mich bei der nächsten Gelegenheit in ein Dorf oder in einen Wald werfen. Hätte der Motor ausgesetzt, so wäre ich erledigt gewesen.

Da sah ich mit einem Male vor mir eine helle Stelle am Horizont. Dort hörte das Gewitter auf; erreichte ich diesen Punkt, so war ich gerettet. Die ganze Energie zusammennehmend, die ein junger, leichtsinniger Mensch haben kann, steuerte ich darauf zu.

Plötzlich, wie abgerissen, war ich aus der Gewitterwolke heraus, flog zwar noch im strömenden Regen, aber fühlte mich im übrigen geborgen.

Noch immer bei strömendem Regen landete ich in meinem Heimathafen, wo schon alles auf mich wartete, da von Metz bereits die Nachricht eingetroffen war, ich sei in einer Gewitterwolke, Richtung dorthin, verschwunden.

Nie wieder werde ich, wenn es nicht mein Vaterland von mir fordert, durch einen Gewittersturm hindurchfliegen.

In der Erinnerung ist alles schön, so gab es auch dabei schöne Momente, die ich nicht in meinem Fliegerdasein missen möchte.

Das erstemal auf einem Fokker

Von Anfang meiner Pilotenlaufbahn an hatte ich nur ein Streben, und das war, in einem einsitzigen Kampfflugzeug fliegen zu dürfen. Nach langem Quälen bei meinem Kommandeur hatte ich die Erlaubnis rausgeschunden, einen Fokker zu schaukeln. Der Motor, der sich um sich selbst drehte, war mir etwas ganz Neues. Auch so allein in einem kleinen Flugzeug zu sitzen, war mir fremd.

Ich besaß mit einem Freund, der jetzt schon lange tot ist, zusammen diesen einen Fokker. Vormittags flog ich ihn, nachmittags er. Jeder hatte Angst, der andere könne die Kiste eher zerschmeißen. Am zweiten Tage flogen wir gegen den Feind. Mir war vormittags kein Franzose begegnet, nachmittags kam der andere an die Reihe. Er kam nicht wieder, keine Nachricht, nichts. Spätabends meldete die Infanterie einen Luftkampf zwischen einem Nieuport und einem deutschen Fokker, nach dessen Verlauf der Deutsche scheinbar jenseits auf dem Toten Mann gelandet wäre. Es konnte nur Reimann sein, denn alle anderen waren zurückgekommen. Wir bedauerten unseren kühnen Kameraden, da plötzlich kam nachts die telefonische Nachricht, ein deutscher Fliegeroffizier sei mit einem Male im vordersten Sappenkopf der Infanteriestellung auf dem Toten Mann erschienen. Er entpuppte sich als Reimann. Ihm war der Motor zerschossen worden, so daß er zur Notlandung gezwungen war. Er hatte dabei unsere Linien nicht mehr erreichen können und war zwischen dem Feind und uns gelandet. Schnell hatte er noch seine Maschine in Brand gesteckt und sich dann einige hundert Meter davon in einem Sprengtrichter verborgen gehalten. In der Nacht war er dann als Schleichpatrouille in unseren

Gräben erschienen. So endete zum ersten Male unser Aktienunternehmen: "Der Fokker".

Nach einigen Wochen bekamen wir einen zweiten. Diesmal fühlte ich mich verpflichtet, das gute Ding ins Jenseits zu befördern. Es war vielleicht mein dritter Flug auf der kleinen, schnellen Maschine. Beim Start setzte der Motor aus. Ich mußte hinunter, gerade in ein Haferfeld hinein, und im Umsehen war aus dem stolzen, schönen Apparat bloß noch eine unkenntliche Masse geworden. Wie durch ein Wunder war mir nichts passiert.

*

Vor Verdun, 27. April 1916

In aller Eile eine freudige Botschaft: Sieh Dir mal den Heeresbericht vom 26. April 1916 an! Das eine der beiden Flugzeuge hat mein Maschinengewehr auf dem Gewissen.

*

Vor Verdun, 3. Mai 1916

Habe recht herzlichen Dank für Deine Glückwünsche zu meinem Geburtstage, den ich hier sehr nett verlebte. Vormittags hatte ich drei sehr nervenkitzelnde Luftkämpfe, und abends saß ich mit Zeumer, meinem ersten Piloten, bis ein Uhr nachts bei einer Maibowle unter einem blühenden Apfelbaum. Ich fühlte mich in der neuen Beschäftigung als Kampfflieger (Pilot) sehr wohl; ich glaube, daß mich kein Posten im Kriege mehr reizen könnte als dieser. Ich fliege Fokker, das ist das Flugzeug, mit dem Boelcke und Immelmann ihre riesigen Erfolge haben. Holcks Tod tut mir zu leid. Drei Tage bevor er fiel, hatte ich ihn noch besucht, und wir waren noch so lustig zusammen. Er erzählte mir von seiner Gefangennahme in Montenegro. Man kann sich gar nicht denken, daß dieser von Gesundheit und Kraft strotzende Mensch nun nicht mehr ist. Bei seinem letzten Luftkampf bin ich Augenzeuge gewesen. Erst schoß er einen Franzosen in einem Geschwader herunter, hatte scheinbar Ladehemmung und wollte wieder zurückfliegen über unsere Linie. Da hängte sich ihm ein ganzer Schwarm von Franzosen an. Mit einem Kopfschuß sauste er aus dreitausend Metern in die Tiefe. – Ein schöner Tod. – Holck mit einem Arm oder einem Bein wäre nicht auszudenken. Heute fliege ich zu seiner Beerdigung.

*

Vor Verdun, 22. Juni 1916

Was habt Ihr zu Immelmanns Tod gesagt? Auf die Dauer glaubt eben jeder mal dran. – Auch Boelcke. – Der Kommandeur von Lothars Kampfgeschwader ist auch von einem Bombenfilm nicht zurückgekommen. Einen Tag vorher ist der Kommandeur von meinem alten K.G. 1, ehemals B.A.O., auch abgeschossen worden. Es war ein Freiherr von Gerstorff, wohl der tüchtigste Kommandeur, den ein Kampfgeschwader je gehabt hat. Ich habe ihn immer sehr gern gehabt.

*

Vor Verdun, 6. Juli 1916

Vor einigen Tagen bin ich mit meinem Fokker auf die Nase gefallen. Die Zuschauer waren nicht wenig erstaunt, als ich nach einer ganzen Weile gänzlich unbeschädigt aus dem Trümmerhaufen hervorgekrochen kam. Meinem guten Freund Zeumer geht es jetzt schon etwas besser. Erst wird er von den Franzosen abgeschossen und bekommt nur einige leichte Streifschüsse, drei Tage darauf bricht er sich bei einer ganz dummen Geschichte den Oberschenkel.

Ich trage mich mit dem Gedanken, zu Boelcke zu gehen und sein Schüler zu werden. Ich brauche eben immer Abwechslung. Das wäre wieder einmal etwas Neues und keine Verschlechterung für mich.

Bombenflüge in Rußland

Juni hieß es plötzlich verladen. Wir wußten nicht, wo es hinging, aber den richtigen Tip hatten wir und waren deshalb nicht übermäßig erstaunt, als uns unser Kommandeur mit der Neuigkeit überraschte, daß wir nach Rußland gingen. Wir fuhren durch ganz Deutschland mit unserem Wohnzug, aus Speise- und Schlafwagen bestehend, und kamen schließlich nach Kowel. Dort blieben wir in unseren Eisenbahnwagen wohnen. Dieses Wohnen in Zügen hat ja nun natürlich sehr viele Vorteile. Man ist stets fertig, um weiterzureisen, und man hat immer dasselbe Quartier.

Aber in der russischen Sommerhitze ist so ein Schlafwagen das Fürchterlichste, was es geben kann. Deshalb zog ich es vor, mit zwei guten Freunden, Gerstenberg und Scheele, in den nahen Wald zu ziehen, wo wir uns ein Zelt aufbauten und wie Zigeuner lebten. Das waren schöne Zeiten.

*

In Rußland warf unser Kampfgeschwader viel Bomben. Wir beschäftigten uns damit, die Russen zu ärgern, und legten auf ihre schönsten Bahnanlagen unsere Eier. An einem dieser Tage zog unser ganzes Geschwader los, um eine sehr wichtige Bahnhofsanlage zu bewerfen. Das Nest hieß Manjewicze und lag etwa dreißig Kilometer hinter der Front, also nicht so übertrieben weit. Die Russen hatten einen Angriff geplant, und zu diesem Zweck war der Bahnhof ganz ungeheuerlich mit Zügen angefüllt. Ein Zug stand neben dem anderen, eine ganze Strecke war mit fahrenden Zügen belegt. Man konnte das von oben sehr schön sehen; an jeder Ausweichstelle stand ein Transportzug. Also ein wirklich lohnendes Ziel für einen Bombenflug.

Man kann sich für alles begeistern. So hatte ich mich mal für eine Weile für dieses Bombenfliegen begeistert. Es machte mir einen unheimlichen Spaß, die Brüder da unten zu bepflastern. Oft zog ich an einem Tage zweimal los. An diesem Tage hatten wir uns also Manjewicze zum Ziele gesteckt. Jede Staffel für sich zog geschlossen gen Rußland.

Die Maschinen standen am Start, jeder Flugzeugführer versuchte noch einmal seinen Motor, denn es ist eine peinliche Sache, auf der falschen Partei notzulanden und besonders in Rußland. Der Russe ist auf Flieger wie wild. Kriegt er einen zu fassen, schlägt er ihn ganz bestimmt tot. Das ist auch die einzige Gefahr in Rußland, denn feindliche Flieger gibt es da nicht, oder so gut wie gar nicht. Kommt mal einer vor, so hat er sicherlich Pech und wird abgeschossen. Die Ballonabwehrgeschütze in Rußland sind manchmal ganz gut, aber ihre Zahl nicht ausreichend. Gegen den Westen jedenfalls ist das Fliegen im Osten eine Erholung.

*

Die Maschinen rollen schwer bis an den Startplatz. Sie sind bis auf ihr letztes Ladegewicht mit Bomben angefüllt. Ich schleppe manchmal einhundertfünfzig Kilogramm Bomben mit einem ganz normalen C-Flugzeug. Außerdem hatte ich noch einen schweren Beobachter mit, dem man die Fleischnot gar nicht ansah, ferner "für den Fall, daß" noch zwei Maschinengewehre. Ich habe sie nie in Rußland ausprobieren können. Es ist sehr schade, daß in meiner Sammlung kein Russe vorhanden ist. An der Wand würde sich seine Kokarde gewiß ganz malerisch machen. So ein Flug mit einer dicken, schwerbeladenen Maschine, besonders in der russischen Mittagsglut, ist nicht von Pappe. Die Kähne schaukeln sehr unangenehm. Runterfallen tun sie natürlich nicht, dafür sorgen die einhundertfünfzig "Pferde", aber es ist doch kein angenehmes Gefühl, so viel Sprengladung und Benzin bei sich zu haben. Endlich ist man in einer ruhigen Luftschicht und kommt allmählich zu dem Genuß des Bombenfluges. Es ist schön, geradeaus zu fliegen, ein bestimmtes Ziel zu haben und einen festen Auftrag. Man hat nach einem Bombenwurf das Gefühl: Du hast etwas geleistet, während man manchmal bei einem Jagdflug, wo man keinen abgeschossen hat, sich sagen muß: Du hättest es besser machen können. Ich habe sehr gern Bomben geworfen. Mein Beobachter hatte es sachte sehr ordentlich hinbekommen, das Ziel genau senkrecht zu überfliegen und mit Hilfe eines Zielfernrohres den guten Augenblick abzupassen, um sein Ei zu legen. Es ist ein schöner Flug nach Manjewicze. Ich habe ihn öfters hinter mir.

Wir kamen über riesige Waldkomplexe, in denen gewiß die Elche und Luchse herumturnen. Die Dörfer sahen allerdings auch so aus, als ob sich die Füchse darin gute Nacht sagen könnten. Das einzige größere Dorf in der ganzen Gegend war Manjewicze. Um das Dorf herum waren zahllose Zelte aufgeschlagen und am Bahnhof selbst unzählige Baracken. Rote Kreuze konnten wir nicht erkennen. Vor uns war eine Staffel dagewesen. Dieses konnte man an einzelnen rauchenden Häusern und Baracken noch feststellen. Sie hatte nicht schlecht geworfen. Der eine Ausgang des Bahnhofs war durch einen Treffer offenbar versperrt. Die Lokomotive dampfte noch. Gewiß waren die Herren Zugführer irgendwo in einem Unterstand oder so was Ähnlichem. Auf der anderen Seite fuhr gerade eine Lokomotive mit großer Fahrt heraus. Natürlich reizte einen das, das Ding zu treffen. Wir fliegen das Ding an und setzen einige hundert Meter davor eine Bombe. Der gewünschte Erfolg war da, die Lokomotive blieb stehen. Wir machen kehrt und werfen noch sauber Bombe für Bombe, fein gezielt durch das Zielfernrohr, auf den Bahnhof. Wir haben ja Zeit, es stört uns niemand. Ein feindlicher Flughafen ist zwar ganz in der Nähe, aber seine Piloten sind nicht zu sehen. Abwehrgeschütze knallen nur ganz vereinzelt und in einer ganz anderen Richtung, als wir fliegen. Wir heben uns noch eine Bombe auf, um sie besonders nutzbringend beim Nachhauseflug anzuwenden. Da sehen wir, wie ein feindlicher Flieger auf seinem Hafen startet. Ob er sich wohl mit dem Gedanken trägt, uns anzugreifen? Ich glaube es nicht. Viel eher sucht er Sicherheit in der Luft, denn das ist bei Bombenflügen auf Flughäfen ganz gewiß das bequemste, sich der persönlichen Lebensgefahr zu entziehen.

Wir machen noch einige Umwege und suchen Truppenlager, denn das macht besonderen Spaß, die Herren da unten mit Maschinengewehren zu beunruhigen. Solche halbwilden Völkerstämme wie die Asiaten haben noch viel mehr Angst als die gebildeten Engländer. Besonders interessant ist es, auf feindliche Kavallerie zu schießen. Es bringt ungeheure Unruhe unter die Leute. Man sieht sie mit einem Male nach allen Himmelsrichtungen davonsausen. Ich möchte nicht Schwadronschef von so einer Kosakeneskadron sein, die von Fliegern mit Maschinengewehren beschossen wird. Allmählich konnten wir wieder unsere Linien sehen. Nun wurde es Zeit, daß wir unsere letzte Bombe loswurden. Wir beschlossen, einen Fesselballon, *den* Fesselballon der Russen, mit einer Bombe zu bedenken. Wir konnten ganz gemütlich auf wenige hundert Meter heruntergehen und den Fesselballon bewerfen. Anfangs wurde er mit großer Hast eingezogen, als aber die Bombe gefallen war, hörte das Einziehen auf. Ich erklärte es mir dadurch, nicht etwa, daß ich getroffen hatte, sondern eher, daß die Russen ihren Hetman da oben in dem Korb im Stich ließen und weggelaufen waren. Wir erreichten schließlich unsere Front, unsere Gräben und waren, als wir zu Hause ankamen, doch etwas erstaunt, als wir feststellten, daß man uns von unten doch beschossen hatte, wenigstens zeigte dies ein Treffer in der Tragfläche.

*

Ein andermal waren wir gleichfalls etwa in derselben Gegend auf einen Angriff der Russen angesetzt, die den Stochod zu überschreiten beabsichtigten. Wir kamen an die gefährdete Stelle, mit Bomben beladen und sehr viel Patronen fürs Maschinengewehr, und da sahen wir zu unserer großen Überraschung, wie bereits der Stochod von feindlicher Kavallerie überschritten wird. Eine einzige Brücke diente zum Nachschub. Also war es klar: trifft man diese, so kann man dem Feind ungeheuer schaden. Außerdem wälzten sich über den schmalen Steg dicke Truppenmassen. Wir gingen auf möglichst niedrige Höhe hinunter und konnten nun genau erkennen, daß die feindliche Kavallerie in großer Geschwindigkeit über den Übergang marschierte. Die erste Bombe krachte nicht weit von ihm, die zweite, dritte folgte unmittelbar darauf. Unten entsteht eine wüste Unordnung. Die Brücke ist zwar nicht getroffen, aber nichtsdestotrotz hat der Verkehr vollständig aufgehört, und alles, was Beine hat, ist nach allen Himmelsrichtungen davon. Der Erfolg war gut, denn das waren nur drei Bomben; es kam ja noch das ganze Geschwader hinterher. Und so konnten wir noch manches erreichen. Mein Beobachter schoß feste mit dem Maschinengewehr unter die Brüder, und wir hatten einen wilden Spaß daran. Was unser positiver Erfolg war, kann ich natürlich nicht sagen. Die Russen haben es mir auch nicht erzählt. Aber eingebildet habe ich mir, daß ich den russischen Angriff allein abgeschlagen habe.

Boelcke!

Die Augustsonne war fast unerträglich auf dem sandigen Flugplatz in Kowel. Wir unterhielten uns mit den Kameraden, da erzählte einer: "Heute kommt der große Boelcke und will uns, oder vielmehr seinen Bruder, in Kowel besuchen." Abends erschien der berühmte Mann, von uns sehr angestaunt, und erzählte vieles Interessante von seiner Reise nach der Türkei, von der er gerade auf dem Rückwege war, um sich im Großen Hauptquartier zu melden. Er sprach davon, daß er an die Somme ginge, um dort seine Arbeit fortzusetzen, auch sollte er eine ganze Jagdstaffel aufstellen. Zu diesem Zwecke konnte er sich aus der Fliegertruppe ihm geeignet erscheinende Leute aussuchen. Ich wagte nicht, ihn zu bitten, daß er mich mitnähme. Nicht aus dem Grunde heraus, daß es mir bei unserem Geschwader zu langweilig gewesen wäre – im Gegenteil, wir machten große und interessante Flüge, haben den Rußkis mit unseren Bomben so manchen Bahnhof eingetöppert –, aber der Gedanke, wieder an der Westfront zu kämpfen, reizte mich. Es gibt eben nichts Schöneres für einen jungen Kavallerieoffizier, als auf Jagd zu fliegen.

Am nächsten Morgen sollte Boelcke wieder wegfahren. Frühmorgens klopfte es plötzlich an meiner Tür, und vor mir stand der große Mann mit dem Pour le mérite. Ich wußte nicht recht, was er von mir wollte. Ich kannte ihn zwar, wie bereits erwähnt, aber auf den Gedanken kam ich nicht, daß er mich aufgesucht hatte, um mich aufzufordern, sein Schüler zu werden. Fast wäre ich ihm um den Hals gefallen, als er mich fragte, ob ich mit ihm nach der Somme gehen wollte.

Drei Tage später saß ich auf der Eisenbahn und fuhr quer durch Deutschland direkt nach dem Feld meiner neuen Tätigkeit. Endlich war mein sehnlichster Wunsch erfüllt, und nun begann für mich die schönste Zeit meines Lebens.

Daß sie sich so erfolgreich gestalten würde, wagte ich damals nicht zu hoffen. Beim Abschied rief mir ein guter Freund noch nach: "Komm bloß nicht ohne den Pour le mérite zurück!"

Mein erster Engländer
(17. September 1916)

Wir standen alle auf dem Schießplatz, und einer nach dem anderen schoß sein Maschinengewehr ein, so, wie es ihm am günstigsten erschien. Am Tage vorher hatten wir unsere neuen Apparate bekommen, und am nächsten Morgen wollte Boelcke mit uns fliegen. Wir waren alle Anfänger, keiner von uns hatte bisher einen Erfolg zu verzeichnen. Was Boelcke uns sagte, war uns daher ein Evangelium. In den letzten Tagen hatte er, wie wir wußten, jeden Morgen mindestens einen, manchmal auch zwei Engländer abgeschossen.

Der nächste Morgen, der 17. September, war ein wunderbarer Tag. Man konnte mit regem Flugbetrieb der Engländer rechnen. Bevor wir aufstiegen, erteilte Boelcke uns noch einige genaue Instruktionen, und zum ersten Male flogen wir im Geschwader unter Führung des berühmten Mannes, dem wir uns blindlings anvertrauten.

Wir waren gerade an die Front gekommen, als wir bereits über unseren Linien an den Sprengpunkten unserer Ballon-Abwehrkanonen ein feindliches Geschwader erkannten, das in Richtung Cambrai flog. Boelcke war natürlich der erste, der es sah, denn er sah eben mehr als andere Menschen. Bald hatten wir auch die Lage erfaßt, und jeder strebte, dicht hinter Boelcke zu bleiben. Wir waren uns alle klar, daß wir unsere erste Prüfung unter den Augen unseres verehrten Führers zu bestehen hatten. Wir näherten uns dem Geschwader langsam, aber es konnte uns nicht mehr entgehen. Wir waren zwischen der Front und dem Gegner. Wollte er zurück, so mußte er an uns vorbei. Wir zählten schon die feindlichen Flugzeuge und stellten fest, daß es sieben waren. Wir dagegen nur fünf. Alle Engländer flogen große, zweisitzige Bomben-Flugzeuge. Nur noch Sekunden, dann mußte es losgehen. Boelcke war dem ersten schon verflucht nahe auf die Pelle gerückt, aber noch schoß er nicht. Ich war der zweite, dicht neben mir meine Kameraden. Der mir am nächsten fliegende Engländer war ein großer, dunkel angestrichener Kahn. Ich überlegte nicht lange und nahm ihn mir aufs Korn. Er schoß, ich schoß, und ich schoß vorbei, er auch. Es begann ein Kampf, in dem es für mich jedenfalls darauf ankam, hinter den Burschen zu kommen, da ich ja nur in meiner Flugrichtung schießen konnte. Er hatte es nicht nötig, denn sein bewegliches Maschinengewehr reichte nach allen Seiten. Er schien aber kein Anfänger zu sein, denn er wußte genau, daß in dem Moment sein letztes Stündlein geschlagen hatte, wo ich es erreichte, hinter ihn zu gelangen. Ich hatte damals noch nicht die Überzeugung, "der muß fallen", wie ich sie jetzt voll habe, sondern ich war vielmehr gespannt, ob er wohl fallen würde, und das ist ein wesentlicher Unterschied. Liegt mal der erste oder gar der zweite oder dritte, dann geht einem ein Licht auf: "So mußt du's machen."

Also mein Engländer wandte, drehte sich, oft meine Garbe kreuzend. Daran dachte ich nicht, daß es auch noch andere Engländer in dem Geschwader gab, die ihrem bedrängten Kameraden zu Hilfe kommen konnten. Nur immer der eine Gedanke: "Der muß fallen, mag kommen, was da will!" Da, endlich ein günstiger Augenblick. Der Gegner hat mich scheinbar verloren und fliegt geradeaus. Im Bruchteil einer Sekunde sitze ich ihm mit meiner guten Maschine im Nacken. Eine kurze Serie aus meinem Maschinengewehr. Ich war so nahe dran, daß ich Angst hatte, ihn zu rammen. Da plötzlich, der Propeller des Gegners drehte sich nicht mehr. Getroffen! Der Motor war zerschossen, und der Feind mußte bei uns landen, da ein Erreichen seiner Linien ausgeschlossen war. Auch merkte ich an den schwankenden Bewegungen des Apparates, daß irgendwas mit dem Führer nicht mehr ganz in Ordnung war. Auch der Beobachter war nicht mehr zu sehen, sein Maschinengewehr ragte ohne Bedienung in die Luft. Ich hatte ihn also getroffen, und er mußte am Boden seiner Karosserie liegen.

Der Engländer landete irgendwo unmittelbar neben dem Flughafen eines mir bekannten Geschwaders. Ich war so aufgeregt, daß ich mir das Landen nicht verkneifen konnte, und landete in dem mir fremden Flughafen, wo ich fast im Eifer meine Maschine noch auf den Kopf stellte. Die beiden Flugzeuge, der Engländer und meines, waren nicht sehr weit voneinander entfernt. Ich lief gleich hin und sah bereits eine Menge Soldaten nach dem Gegner hinströmen. Dort angekommen, fand ich, daß meine Annahme stimmte. Der Motor war zerschossen und beide Insassen schwer verletzt. Der Beobachter starb gleich, der Führer auf dem Transport zum nahen Lazarett. Meinem in Ehren gefallenen Gegner setzte ich zum Andenken einen Stein auf sein schönes Grab.

Als ich nach Hause kam, saß Boelcke mit den anderen Kameraden bereits beim Frühstück und wunderte sich sehr, wo ich so lange geblieben war. Stolz meldete ich zum ersten Male: "Einen Engländer abgeschossen." Sofort jubelte alles, denn ich war nicht der einzige; außer Boelcke, der, wie üblich, seinen Frühstückssieg hatte, war jeder von uns Anfängern zum ersten Male Sieger im Luftkampf geblieben.

Ich möchte bemerken, daß seitdem kein englisches Geschwader sich mehr bis Cambrai getraute, solange es dort eine Jagdstaffel Boelcke gab.

Ich habe in meinem ganzen Leben kein schöneres Jagdgefilde kennengelernt als in den Tagen der Somme-Schlacht. Morgens, wenn man aufgestanden, kamen schon die ersten Engländer, und die letzten verschwanden, nachdem schon lange die Sonne untergegangen war. "Ein Dorado für die Jagdflieger", hat Boelcke einmal gesagt. Es ist damals die Zeit gewesen, wo Boelcke in zwei Monaten mit seinen Abschüssen von zwanzig auf vierzig gestiegen war. Wir Anfänger hatten damals noch nicht die Erfahrung wie unser Meister und waren ganz zufrieden, wenn wir nicht selbst Senge bezogen. Aber schön war es! Kein Start ohne Luftkampf. Oft große Luftschlachten von vierzig bis sechzig Engländern gegen leider nicht immer so viele Deutsche. Bei ihnen macht es die Quantität und bei uns die Qualität.

Aber der Engländer ist ein schneidiger Bursche, das muß man ihm lassen. Er kam ab und zu in ganz niedriger Höhe und besuchte Boelcke auf seinem Platz mit Bomben. Er forderte zum Kampf förmlich heraus und nahm ihn auch stets an. Ich habe kaum einen Engländer getroffen, der den Kampf verweigert hätte, während der Franzose es vorzieht, jede Berührung mit dem Gegner in der Luft peinlichst zu vermeiden.

Es waren schöne Zeiten bei unserer Jagdstaffel. Der Geist des Führers übertrug sich auf seine Schüler. Wir konnten uns blindlings seiner Führung anvertrauen. Die

Möglichkeit, daß einer im Stich gelassen wurde, gab es nicht. Der Gedanke kam einem überhaupt nicht. Und so räumten wir flott und munter unter unseren Feinden auf.

An dem Tage, an dem Boelcke fiel, hatte die Staffel schon vierzig. Jetzt hat sie weit über hundert. Der Geist Boelckes lebt fort unter seinen tüchtigen Nachfolgern.

*

An der Somme, 5. Oktober 1916

Am 30. September schoß ich meinen dritten Engländer ab. Er stürzte brennend runter. Das Herz schlägt einem doch etwas höher, wenn der Gegner, dessen Gesicht man eben noch gesehen hat, brennend aus viertausend Metern in die Tiefe saust. Unten angekommen, war natürlich nichts mehr übriggeblieben, sowohl von dem Menschen wie vom Apparat. Ich habe mir ein kleines Schild zum Andenken aufgehoben. Von meinem zweiten habe ich das Maschinengewehr zum Andenken behalten. Es hat eine Kugel von mir im Schloß und ist unbrauchbar. Mein Franzose von Verdun zählt leider nicht mit; er wurde damals vergessen anzugeben. Früher bekam man nach dem achten den Pour le mérite, jetzt auch nicht mehr, obgleich es immer schwerer wird, einen abzuschießen. In den letzten vier Wochen seit dem Bestehen der Jagdstaffel Boelcke haben wir von zehn Flugzeugen schon fünf verloren.

Boelcke †
(28. Oktober 1916)

Eines Tages flogen wir wieder einmal unter der Führung des großen Mannes gegen den Feind. Man hatte stets ein so sicheres Gefühl, wenn er dabei war. Es gab eben nur einen Boelcke. Ein sehr stürmisches Wetter. Viel Wolken. Andere Flieger flogen an dem Tage überhaupt nicht, nur der Jagdflieger.

Schon von weitem sahen wir an der Front zwei freche Engländer, denen scheinbar das schlechte Wetter auch mal Spaß machte. Wir waren sechs, drüben waren zwei. Wären es zwanzig gewesen, uns hätte das Zeichen von Boelcke zum Angriff auch nicht weiter in Erstaunen gesetzt.

Es beginnt der übliche Kampf. Boelcke hatte den einen vor und ich den anderen. Ich muß ablassen, weil ich von einem eigenen gestört werde. Ich sehe mich um und beobachte, wie etwa zweihundert Meter neben mir Boelcke sein Opfer gerade bearbeitet.

Es war wieder das übliche Bild. Boelcke schießt einen ab, und ich kann zusehen. Dicht neben Boelcke fliegt ein guter Freund von ihm. Es war ein interessanter Kampf. Beide schossen, jeden Augenblick mußte der Engländer stürzen. Plötzlich ist eine unnatürliche Bewegung in den beiden deutschen Flugzeugen zu beobachten. Es zuckt mir durchs Hirn: Zusammenstoß. Ich habe sonst nie einen Zusammenstoß in der Luft gesehen und hatte mir so etwas viel anders vorgestellt. Es war auch kein Zusammenstoß, sondern mehr ein Berühren. Aber in der großen Geschwindigkeit, die so ein Flugzeug hat, ist jede leise Berührung ein heftiger Aufprall.

Boelcke läßt sofort von seinem Opfer ab und geht in großem Kurvengleitflug zur Erde hinunter. Noch immer hatte ich nicht das Gefühl eines Absturzes, aber als er unter mir durchgleitet, erkenne ich, daß ein Teil seiner Tragflächen abgebrochen ist. Was nun folgte, konnte ich nicht beobachten, aber in den Wolken verlor er eine Tragfläche ganz. Da war das Flugzeug steuerlos, und er stürzte ab, immer begleitet von seinem treuen Freund. Als wir zu Hause ankamen, war bereits die Meldung da: "Unser Boelcke tot!" Man konnte es nicht fassen.

Am schmerzlichsten empfand es natürlich derjenige, dem das Unglück zustoßen mußte.

Es ist eigentümlich, daß jeder Mensch, der Boelcke kennenlernte, sich einbildete, er sei der einzig wahre Freund von ihm. Ich habe von diesen einzig wahren Freunden Boelckes etwa vierzig kennengelernt, und jeder bildete sich ein, er sei der einzige. Menschen, deren Namen Boelcke nie gewußt hat, glaubten, sie stünden ihm besonders nahe. Es ist eine eigentümliche Erscheinung, die ich nur bei ihm beobachtet habe. Einen persönlichen Feind hat er nie gehabt. Er war gegen jedermann gleichmäßig liebenswürdig, zu keinem mehr, zu keinem weniger.

Der einzige, der ihm vielleicht etwas näherstand, hatte das eben beschriebene Unglück mit ihm.

Acht war zu Boelckes Zeiten eine ganz anständige Zahl. Jeder, der heutzutage von den kolossalen Zahlen der Abschüsse hört, muß zu der Überzeugung kommen, daß das Abschießen leichter geworden ist. Ich kann ihm nur eins versichern, daß dieses von Monat zu Monat, ja von Woche zu Woche schwieriger wird. Natürlich bietet sich die Gelegenheit jetzt öfters, abzuschießen; aber leider wird die Möglichkeit, selbst abgeschossen zu werden, ebenfalls größer. Die Bewaffnung des Gegners wird immer besser, seine Zahl immer größer. Als Immelmann seinen ersten abschoß, hatte er sogar das Glück, einen Gegner zu finden, der gar kein Maschinengewehr bei sich hatte. Solche Häschen findet man jetzt höchstens noch über Johannisthal. Am 9. November 1916 flog ich mit meinem kleinen Kampfgenossen, dem achtzehnjährigen Imelmann, gegen den Feind. Wir waren zusammen bei der Jagdstaffel Boelcke, kannten uns schon vorher und hatten uns immer sehr gut vertragen. Kameradschaft ist die Hauptsache. Wir zogen los. Ich hatte schon sieben, Imelmann fünf. Für damalige Zeiten eine ganze Menge.

Wir sind ganz kurze Zeit an der Front, da sehen wir ein Bombengeschwader. Es kommt sehr frech geflogen. In ungeheurer Zahl kommen sie natürlich wieder an, wie überhaupt immer während der Somme-Schlacht. Ich glaube, in dem Geschwader waren etwa vierzig bis fünfzig, genau kann ich die Zahl nicht angeben. Sie hatten sich gar

Der Vater besucht den verwundeten Sohn

nicht weit weg von unserem Flughafen ein Ziel für ihre Bomben ausgesucht. Kurz vor dem Ziel erreichte ich den letzten der Gegner. Wohl gleich meine ersten Schüsse machten den Maschinengewehrschützen im feindlichen Flugzeug kampfunfähig, mochten wohl auch den Piloten etwas gekitzelt haben, jedenfalls entschloß er sich zur Landung mitsamt seinen Bomben. Ich brannte ihm noch einige auf den Bast, dadurch wurde das Tempo, in dem er die Erde zu erreichen suchte, etwas größer, er stürzte nämlich ab und fiel ganz in die Nähe unseres Flughafens Lagnicourt.

Immelmann war zur selben Zeit gleichfalls in einen Kampf mit einem Engländer verwickelt und hatte auch einen Gegner zur Strecke gebracht, gleichfalls in derselben Gegend. Schnell flogen wir nach Hause, um uns unsere angeschossenen Maschinen ansehen zu können. Wir fahren im Auto bis in die Nähe meines Gegners und müssen dann sehr lange durch tiefen Acker laufen. Es war sehr heiß, deshalb knöpfte ich mir alles auf, sogar das Hemd und den Kragen. Die Jacke zog ich aus, die Mütze ließ ich im Auto, dafür nahm ich einen großen Knotenstock mit, die Stiefeln waren bis an die Knie voll Schmutz. Ich sah also wüst aus. So komme ich in die Nähe meines Opfers. Natürlich hat sich schon eine Unmenge Menschen drumrum angesammelt.

Eine Gruppe von Offizieren steht etwas abseits. Ich gehe auf sie zu, begrüße sie und frage den ersten besten, ob er mir nicht erzählen könnte, wie der Luftkampf ausgesehen habe, denn es interessiert hinterher immer sehr, von den anderen, die von unten zugesehen haben, zu erfahren, wie der Luftkampf ausgesehen hat. Da erfahre ich, daß die Engländer Bomben geworfen haben und dieses Flugzeug noch seine Bomben bei sich hatte. Der betreffende Herr nimmt mich am Arm, geht auf die Gruppe der anderen Offiziere zu, fragt noch schnell nach meinem Namen und stellt mich den Herren vor. Es war mir nicht angenehm, denn ich hatte, wie gesagt, meine Toilette etwas derangiert. Und die Herren, mit denen ich jetzt zu tun hatte, sahen alle todschick angezogen aus. Ich wurde einer Persönlichkeit vorgestellt, die mir nicht so ganz geheuer erschien. Generalshosen, einen Orden zum Hals heraus, dafür aber ein verhältnismäßig jugendliches Gesicht, undefinierbare Achselstücke – kurz und gut, ich wittere etwas Außerordentliches, knöpfe mir im Laufe der Unterhaltung Hose und Kragen zu und nehme eine etwas militärischere Form an. Wer es war, wußte ich nicht. Ich verabschiede mich wieder, fahre nach Hause. Abends klingelt das Telefon, und ich erfahre nun, daß dies Seine Königliche Hoheit der Herzog von Sachsen-Koburg-Gotha war. Ich werde zu ihm befohlen. Es war bekannt, daß die Engländer die Absicht hatten, auf seinen Stab Bomben zu werfen. So hätte ich dazu beigetragen, ihm die Attentäter vom Leibe zu halten. Dafür bekam ich die Sachsen-Koburg-Gothaische Tapferkeitsmedaille.

Major Hawker

Am stolzesten war ich, als ich eines schönen Tages hörte, daß der von mir am 23. November 1916 abgeschossene Engländer der englische Immelmann war.

Dem Luftkampf nach hätte ich mir's schon denken können, daß es ein Mordskerl war, mit dem ich es zu tun hatte.

Ich flog quietschvergnügt eines schönen Tages wieder mal auf Jagd und beobachtete drei Engländer, die scheinbar auch nichts anderes vorhatten als zu jagen. Ich merkte, wie sie mit mir liebäugelten, und da ich gerade viel Lust zum Kampfe hatte, ließ ich mich darauf ein. Ich war tiefer als der Engländer, folglich mußte ich warten, bis der Bruder auf mich runterstieß. Es dauerte auch nicht lange, schon kam er angesegelt und wollte mich von hinten fassen. Nach den ersten fünf Schüssen mußte der Kunde schon wieder aufhören, denn ich lag bereits in einer scharfen Linkskurve. Der Engländer versuchte, sich hinter mich zu setzen, während ich versuchte, hinter den Engländer zu kommen. So drehten wir uns beide wie die Wahnsinnigen im Kreise mit vollaufendem Motor in dreitausendfünfhundert Meter Höhe. Erst zwanzigmal linksrum, dann dreißigmal rechtsrum, jeder darauf bedacht, über und hinter den anderen zu kommen. Ich hatte bald spitz, daß ich es mit keinem Anfänger zu tun hatte, denn es fiel ihm nicht im Traum ein, den Kampf abzubrechen. Er hatte zwar eine sehr wendige Kiste, aber meine stieg dafür besser, und so gelang es mir, über und hinter den Engländer zu kommen.

Nachdem wir so zweitausend Meter tiefer gekommen waren, ohne ein Resultat erreicht zu haben, mußte mein Gegner eigentlich merken, daß nun die höchste Zeit für ihn war, sich zu drücken, denn der für mich günstige Wind trieb uns immer mehr auf unsere Stellungen zu, bis ich schließlich beinahe über Bapaume, etwa einen Kilometer hinter unserer Front, angekommen war. Mein Gegner winkte mir noch, als wir bereits in tausend Meter Höhe waren, ganz vergnügt zu, als wollte er sagen: "Well, well, how do you do?"

Die Kreise, die wir umeinander machten, waren so eng, daß ich sie nicht weiter als achtzig bis hundert Meter schätzte. Ich hatte Zeit, mir meinen Gegner anzusehen. Ich guckte ihm senkrecht in die Karosserie und konnte jede Kopfbewegung beobachten. Hätte er nicht seine Kappe aufgehabt, so hätte ich sagen können, was für ein Gesicht er schnitt.

Allmählich wurde selbst dem braven Sportsmann dies doch etwas zu bunt, und er mußte sich schließlich entscheiden, ob er bei uns landen wollte oder zu seinen Linien zurückfliegen. Natürlich versuchte er letzteres, nachdem er durch einige Loopings und solche Witze vergeblich probiert hatte, sich mir zu entziehen. Dabei flogen meine ersten blauen Bohnen ihm um die Ohren, denn bis jetzt war keiner zu Schuß gekommen. In hundert Meter Höhe versuchte er, durch Zickzackflüge, während deren sich von dem Beobachter bekanntlich schlecht schießen läßt, nach der Front zu entkommen. Jetzt war der gegebene Moment für mich. Ich folgte ihm in fünfzig bis dreißig Meter Höhe, unentwegt feuernd. So mußte der Engländer fallen. Beinahe hätte mich eine Ladehemmung noch um meinen Erfolg gebracht.

Mit Kopfschuß stürzte der Gegner ab, etwa fünfzig Meter hinter unserer Linie. Sein Maschinengewehr rannte in die Erde und ziert jetzt den Eingang über meiner Haustür.

*

Staffel Boelcke, 25. November 1916

Zu Deinem Geburtstag sende ich Dir meine herzlichsten Glückwünsche und hoffe, daß dies Dein letzter Kriegsgeburtstag sein wird. Mein elfter Engländer ist Major Hawker, sechsundzwanzig Jahre alt und Kommandeur eines englischen Geschwaders. Gefangene haben ausgesagt, daß er der englische Boelcke gewesen sei. Ich habe mit ihm den schwersten Kampf gehabt, der mir bisher vorgekommen ist, bis ich ihn schließlich doch noch abschoß. Leider verloren wir vor drei Tagen unseren Führer und vor acht Tagen ebenfalls ein Flugzeug von unserer Staffel.

Pour le mérite

Der Sechzehnte ist gefallen. Ich stand somit an der Spitze sämtlicher Jagdflieger. Dieses war das Ziel, das ich erreichen wollte. Das hatte ich scherzeshalber mal vor einem Jahr zu meinem Freund Lyncker gesagt, als wir zusammen schulten und er mich fragte: "Was ist denn Ihr Ziel – was wollen Sie erreichen als Flieger?" Da meinte ich so scherzhaft: "Nun, so an der Spitze der Jagdflieger zu fliegen, muß doch ganz schön sein!" Daß dies mal Tatsache würde, habe weder ich mir zugetraut noch andere Menschen mir. Bloß Boelcke soll einmal gesagt haben – natürlich nicht mir direkt persönlich, aber man hat es mir nachher erzählt –, als er gefragt wurde: "Wer hat denn Aussicht, mal ein guter Jagdflieger zu werden?" Da soll er mit dem Finger auf mich gezeigt und gesagt haben: "Das ist der Mann!"

Boelcke und Immelmann hatten mit dem Achten den Pour le mérite bekommen. Ich hatte das Doppelte. Was wird sich nun ereignen? Ich war sehr gespannt. Man munkelte, ich würde eine Jagdstaffel bekommen. Da kommt eines Tages das Telegramm: "Leutnant v. R. zum Führer der Jagdstaffel 11 ernannt." Ich muß sagen, ich habe mich geärgert. Man hatte sich so schön mit den Kameraden der Jagdstaffel Boelcke eingearbeitet. Nun wieder ganz von neuem anzufangen, das Einleben usw. war langweilig. Außerdem wäre mir der Pour le mérite lieber gewesen.

Nach zwei Tagen – wir sitzen gemütlich bei der Jagdstaffel Boelcke und feiern meinen Abschied –, da kommt das Telegramm aus dem Hauptquartier, daß Majestät die Gnade hatte, mir den Pour le mérite zu verleihen. Da war die Freude natürlich groß. Es war ein Pflaster auf das Vorangegangene.

Ich hatte es mir nicht so nett vorgestellt, selbst eine Jagdstaffel zu führen, wie es nachher in Wirklichkeit geworden ist. Ich habe mir nie träumen lassen, daß es mal eine Jagdstaffel Richthofen geben würde.

*

Jagdstaffel 11, 27. Januar 1917

Du wunderst Dich gewiß, weshalb ich nicht schreibe. Es ist in der Zwischenzeit derartig viel passiert, daß ich nicht weiß, was ich zuerst schreiben soll. Ich bin Führer der Jagdstaffel 11 in Douai geworden. Nur ungern ging ich von meiner lieben Jagdstaffel Boelcke weg. All mein Sträuben half mir nichts. Die Staffel 11 besteht ebenso lange wie meine alte, nur hat sie bisher noch keinen abgeschossen, und der Betrieb hier macht mir vorderhand noch sehr wenig Freude. Das mir unterstellte Offizierkorps besteht aus zwölf Herren. – Ich hatte Glück. Am ersten Tage schoß ich Nr. 17 runter, und am zweiten Nr. 18. Als ich meinen achtzehnten abschoß, brach mir im Luftkampf in dreihundert Meter Höhe die eine Tragfläche durch. Wie durch ein Wunder erreichte ich die Erde, ohne dabei kaputt zu gehen. Am gleichen Tage fielen bei der Jagdstaffel Boelcke drei Flugzeuge, dabei auch der nette kleine Immelmann – ein Jammer! Es ist nicht ausgeschlossen, daß ihnen dasselbe passierte wie mir. Auf Urlaub darf ich leider nicht kommen, gern hätte ich Euch einmal den Pour le mérite gezeigt.

"Le petit rouge"

Aus irgendwelchen Gründen kam ich eines schönen Tages auf den Gedanken, mir meine Kiste knallrot anzupinseln. Der Erfolg war der, daß sich mein roter Vogel jedem Menschen unbedingt aufdrängte. Auch meinen Gegnern schien dies tatsächlich nicht ganz unbekannt geblieben zu sein.

Gelegentlich eines Kampfes, der sich sogar an einer anderen Frontstelle abspielte als die übrigen, glückte es mir, einen zweisitzigen Vickers, der ganz friedlich unsere Artilleriestellung fotografierte, anzuschießen. Der Gegner kam gar nicht dazu, sich zu wehren, und mußte sich beeilen, auf die Erde zu kommen, denn er fing schon an, verdächtige Zeichen des Brennens von sich zu geben. Wir nennen das: "Er stinkt." Wie sich herausstellte, war es auch tatsächlich Zeit, denn der Apparat fing kurz über der Erde an, in hellen Flammen zu brennen.

Ich fühlte ein menschliches Mitleid mit meinem Gegner und hatte mich entschlossen, ihn nicht zum Absturz zu bringen, sondern ihn nur zur Landung zu zwingen, zumal ich das Gefühl hatte, daß der Gegner schon verwundet war, denn er brachte keinen Schuß raus.

In etwa fünfhundert Meter Höhe zwang mich ein Defekt an meiner Maschine, im normalen Gleitflug, ohne eine Kurve machen zu können, gleichfalls zu landen. Nun ereignete sich etwas ganz Komisches. Mein Feind landete mit seiner brennenden Maschine glatt, während ich als

Sieger unmittelbar daneben in den Drahthindernissen der Schützengräben einer unserer Reservestellungen mich überschlug.

Es folgte eine sportliche Begrüßung der beiden Englishmen mit mir, die wegen meines Bruches nicht wenig erstaunt waren, da sie, wie bereits erwähnt, keinen Schuß auf mich abgegeben hatten und sich den Grund meiner Notlandung gar nicht vorstellen konnten. Es waren dies die ersten Engländer, die ich lebendig heruntergebracht habe. Deshalb machte es mir besonders Spaß, mich mit ihnen zu unterhalten. Ich fragte sie unter anderem, ob sie meine Maschine schon einmal in der Luft gesehen hätten. "Oh yes", sagte der eine, "die kenne ich ganz genau. Wir nennen sie 'le petit rouge'."

Nun kommt eine echt englische – in meinen Augen – Gemeinheit. Er fragte mich, weshalb ich mich vor der Landung so unvorsichtig benommen hätte. Der Grund lag darin, daß ich nicht anders konnte. Da sagte der Schurke, er hätte versucht, in den letzten dreihundert Metern auf mich zu schießen, habe aber Ladehemmung gehabt. Ich gebe ihm Pardon – er nimmt es an und vergilt es mir nachher mit einem hinterlistigen Überfall.

Seitdem habe ich noch keinen meiner Gegner wieder sprechen können, aus einem naheliegenden Grund.

*

Gestern schoß ich den Einunddreißigsten ab, vorgestern den Dreißigsten. Vor drei Tagen wurde ich durch einen Kabinettsbefehl Oberleutnant. – Habe also ein gutes halbes Jahr gewonnen. Meine Staffel macht sich. Ich habe viel Freude an ihr. Lothar hatte gestern seinen ersten Luftkampf. Er war sehr befriedigt, denn der Gegner war angeschossen. Wir nennen es "er stank", weil er eine schwarze Rauchfahne hinter sich herließ. Runtergefallen ist er natürlich noch nicht, denn das wäre zuviel Schwein beim erstenmal gewesen. Lothar ist sehr ordentlich und wird seine Sache machen. Wie geht es Papa, und was sagst Du zum gestrigen Heeresbericht?

Englische und französische Fliegerei
(Februar 1917)

Zur Zeit bin ich bemüht, der Jagdstaffel Boelcke Konkurrenz zu machen. Abends legen wir uns gegenseitig die Strecke vor. Aber es sind verteufelte Kerls da drüben. Zu schlagen sind sie nie. Höchstens, daß man der Staffel gleichkommt. Hundert haben sie ja schon Vorsprung. Diesen Vorsprung muß ich ihnen lassen. Es hängt ja viel davon ab, welchem Gegner man gegenüber liegt, ob man die laurigen Franzosen oder die schneidigen Kerls, die Engländer, gegenüber hat. Mir ist der Engländer lieber.

Der Franzose kneift, der Engländer selten. Oft kann man sogar hier von Dummheit sprechen; sie bezeichnen dies dann wohl als Draufgängertum.

Es ist das Schöne beim Jagdflieger, daß es auf keinerlei Kunststücke bei ihm ankommt, sondern lediglich persönlicher Schneid das Ausschlaggebende bleibt. Es kann einer ein ganz herrlicher Sturz- und Loopingflieger sein. Er braucht deshalb noch lange keinen abzuschießen. Meiner Ansicht nach macht das Draufgehen alles.

Dem Franzosen liegt es, aus dem Hinterhalt zu überfallen und einem anderen aufzulauern. Das läßt sich in der Luft schlecht machen. Überrumpeln läßt sich nur ein Anfänger. Auflauern geht nicht, da man sich ja nicht verstekken kann, auch ist das unsichtbare Flugzeug noch nicht erfunden. Ab und zu braust wohl mal das gallische Blut in ihm auf. Dann setzt er zum Angriff an; aber es ist wohl mit einer Brauselimonade zu vergleichen. Für einen Augenblick furchbar viel Mut, der ebenso schnell vollständig schwindet. Das zähe Durchhalten fehlt ihm.

Dem Engländer dagegen merkt man eben doch ab und zu noch etwas von seinem Germanenblut an. Auch liegt dem Sportsmann das Fliegen sehr, aber sie verlieren sich zu sehr in dem Sportlichen. Sie haben genug Vergnügen daran, Loopings, Auf-dem-Rücken-Fliegen und ähnliche Scherze unseren Leuten im Schützengraben vorzumachen. Dies macht wohl bei der Johannisthaler Sportswoche Eindruck, aber der Schützengraben ist nicht so dankbar wie dieses Publikum.

Ich beabsichtige, anfangs Mai nach Hause zu kommen, will aber vorher eine Auerhahnexpedition unternehmen, zu der ich bereits eine Einladung habe und auf die ich mich sehr freue. Dann bin ich zum Kaiser zum Frühstück eingeladen. Ich bin jetzt auf Nr. 44 angelangt und will bei fünfzig haltmachen. Lothar hat bereits seinen zehnten Luftsieg, die Staffel, seit ich hier bin, ihren hundertsten.

Selbst abgeschossen
(Mitte März 1917)

Abgeschossen ist eigentlich ein falscher Ausdruck für das, was mir heute passiert ist. Ich nenne abgeschossen im allgemeinen nur den, der runterplumpst, aber heute habe ich mich wieder gefangen und kam noch ganz heil runter.

Ich bin im Geschwader und sehe einen Gegner, der gleichfalls im Geschwader fliegt. Etwa über unserer Artilleriestellung in der Gegend von Lens. Ich habe noch ein ganzes Stückchen zu fliegen, bis ich die Gegend erreiche. Es ist das der nevenkitzelndste Augenblick, das Anfliegen an den Gegner, wenn man den Feind schon sieht und noch einige Minuten Zeit hat, bis man zum Kampf kommt. Ich glaube, ich werde dann immer etwas bleich im Gesicht, aber ich habe leider noch nie einen Spiegel mitgehabt. Ich finde diesen Augenblick schön, denn er ist überaus nervenkitzelnd, und all so etwas liebe ich. Man beobachtet den Gegner schon von weitem, hat das Geschwader als feindlich erkannt, zählt die feindlichen Apparate, wägt die ungünstigen und günstigen Momente ab. So zum Beispiel spielt es eine ungeheure Rolle, ob der Wind mich im Kampfe von meiner Front abdrängt oder auf meine Front zudrückt. So habe ich mal einen Engländer abgeschossen, dem ich den Todesschuß jenseits der feindlichen Linien gegeben habe, und runtergeplumpst ist er bei unseren Fesselballons, so weit hat ihn der Sturm noch rübergetrieben.

Wir waren fünf, der Gegner dreimal so stark. Wie ein großer Mückenschwarm flogen die Engländer durcheinander. So einen Schwarm, der so gut zusammenfliegt, zum Zersprengen zu bringen, ist nicht leicht, für den einzelnen ausgeschlossen, für mehrere äußerst schwierig, besonders, wenn die Zahlenunterschiede so ungünstig sind wie in unserem Falle. Aber man fühlt sich dem Gegner derartig überlegen, daß man keinen Augenblick an dem sicheren Erfolg zweifelt. Der Angriffsgeist, also die Offensive, ist die Hauptsache, wie überall, so auch in der Luft. Aber der Gegner dachte ebenso. Das sollte ich gleich merken. Kaum sah er uns, so machte er umgehend kehrt und griff uns an. Da hieß es für uns fünf Männeken: Aufgepaßt! Hängt einer ab, so kann es ihm dreckig gehen. Wir schlossen uns ebenfalls zusammen und ließen die Herren etwas nähertreten. Ich paßte auf, ob nicht einer von den Brüdern sich etwas von den anderen absentierte. Da – einer ist so dumm. Ich kann ihn erreichen. "Du bist ein verlorenes Kind." Auf ihn mit Gebrüll. Jetzt hab' ich ihn erreicht oder muß ihn gleich erreichen. Er fängt bereits an zu schießen, ist also etwas nervös. Ich dachte mir: "Schieß du nur, du triffst ja doch nicht!" Er schoß mit einer Leuchtspurmunition, die an mir sichtbar vorbeiflog. Ich kam mir vor wie in dem Spritzenkegel einer Gießkanne. Nicht angenehm, aber die Engländer schießen fast durchweg mit diesem gemeinen Zeug, also muß man sich daran gewöhnen. Der Mensch ist ein Gewohnheitstier, denn in diesem Augenblick, glaube ich, habe ich gelacht. Bald sollte ich aber eines Besseren belehrt werden.

Jetzt bin ich beinahe ganz heran, etwa hundert Meter, das Gewehr ist entsichert, ich ziele noch einmal Probe, gebe einige Probeschüsse, die Gewehre sind in Ordnung. Nicht mehr lange kann es dauern. Im Geiste sah ich den Gegner schon plumpsen. Die Aufregung von vorhin ist vorüber. Man denkt ganz ruhig und sachlich, wägt die Treffwahrscheinlichkeiten von ihm und von mir ab. Überhaupt ist der Kampf selbst am wenigsten aufregend in den meisten Fällen, und wer sich dabei aufregt, macht einen Fehler. Er wird nie einen abschießen. Auch ist es wohl Gewohnheitssache. Jedenfalls habe ich in diesem Falle keinen Fehler gemacht. Nun bin ich auf fünfzig Meter ran, jetzt einige gute Schüsse, dann kann der Erfolg nicht ausbleiben. So dachte ich mir. Aber mit einem Male gibt es einen großen Knall, ich habe kaum zehn Schuß heraus, gleich darauf klatscht es wieder in meine Maschine. Es ist mir klar, ich bin getroffen. Wenigstens meine Maschine, ich für meine Person nicht. Im selben Augenblick stinkt es ganz ungeheuerlich nach Benzin, auch läßt der Motor nach. Der Engländer merkt es, denn er schießt nun um so mehr. Ich muß sofort ablassen.

Senkrecht geht es runter. Unwillkürlich habe ich den Motor abgestellt. Es war auch höchste Zeit. Wenn der Benzintank durchlöchert ist und das Zeug einem so um die Beine spritzt, ist die Gefahr des Brennens doch groß. Vor sich hat man einen über einhundertundfünfzig "Pferde" starken Explosionsmotor, also glühend heiß. Ein Tropfen Benzin, und die ganze Maschine brennt. Ich hinterlasse in der Luft einen weißen Streifen. Ich kenne ihn beim Gegner genau. Es sind dies die Vorzeichen der Explosion. Noch bin ich dreitausend Meter hoch, habe also noch ein ganzes Ende bis auf die Erde. Gott sei Dank hört der Motor auf zu laufen. Die Geschwindigkeit, die das Flugzeug erreicht, kann ich nicht berechnen. Sie ist jedenfalls so groß, daß ich nicht den Kopf herausstecken kann, ohne durch den Windzug hintenüber gedrückt zu werden.

Bald bin ich den Gegner los und habe nun noch Zeit, bis ich auf die Erde komme, zu sehen, was denn meine vier anderen Herren machen. Sie sind noch im Kampf. Man hört das Maschinengewehrfeuer des Gegners und das der eignen. Plötzlich eine Rakete. Ist es das Leuchtsignal eines Gegners? Aber nein. Dafür ist es zu groß. Es wird immer größer. Es brennt einer. Aber was für einer? Die Maschine sieht genau so aus wie unsere. Gott sei Dank, es ist ein Gegner. Wer mag ihn abgeschossen haben? Gleich darauf fällt aus dem Geschwader ein zweites Flugzeug heraus, ähnlich wie ich, senkrecht nach unten, überschlägt sich sogar, überschlägt sich immer noch – da – jetzt hat es sich gefangen. Fliegt geradeaus genau auf mich zu. Auch ein Albatros. Gewiß ist es ihm so gegangen wie mir.

Ich bin wohl noch einige hundert Meter hoch und muß mich so sachte umgucken, wo ich denn landen will. Denn so eine Landung ist meistenteils mit Bruch verbunden. Und so ein Bruch läuft nicht immer günstig ab, also – aufpassen. Ich finde eine Wiese, nicht sehr groß, aber sie genügt gerade, wenn man etwas vorsichtig zu Werke geht. Außerdem liegt sie mir günstig, direkt an der Chaussee bei Hénin-Liétard. Dort will ich auch landen. Es geht alles glatt. Mein erster Gedanke ist: Wo bleibt der andere? Er landet einige Kilometer von mir entfernt.

Ich habe nun Zeit, mir den Schaden zu beschauen. Einige Treffer sind darin, aber der Treffer, der mich veranlaßt hat, den Kampf abzubrechen, ist einer durch beide Benzintanks. Ich habe keinen Tropfen Benzin mehr drin, der Motor ist gleichfalls angeschossen. Schade um ihn, er lief noch so gut.

Die Beine lasse ich herausbaumeln aus der Maschine und mag wohl ein ziemlich törichtes Gesicht gemacht haben. Sofort hatte sich eine große Menge Soldaten um mich versammelt. Da kommt ein Offizier. Er ist ganz außer Atem. Sehr aufgeregt! Gewiß ist ihm was Schreckliches passiert. Er stürzt auf mich zu, schnappt nach Luft und fragt: "Hoffentlich ist Ihnen nichts passiert? Ich habe die ganze Sache beobachtet und bin ja so aufgeregt! Herrgott, das sah schrecklich aus!" Ich versicherte ihm, daß mir gar nichts fehlte, sprang herunter, stellte mich vor. Selbstverständlich verstand er keinen Ton von meinem Namen. Aber er forderte mich auf, mit seinem Automobil in das nahe Hénin-Liétard hineinzufahren, wo sein Quartier war. Es war ein Pionieroffizier.

Wir sitzen bereits in dem Wagen und fahren gerade an. Mein Gastgeber hat sich noch immer nicht beruhigt. Plötzlich erschrickt er und fragt: "Herrgott, wo ist denn Ihr Kraftfahrer?" Zuerst wußte ich nicht recht, was er meinte, guckte ihn wohl etwas verwirrt an. Dann wurde mir klar, daß er mich für den Beobachter eines zweisitzigen Flugzeuges hielt und nach meinem Flugzeugführer fragte. Schnell faßte ich mich und sagte ganz trocken: "Ich fahre allein." Das Wort "fahren" ist in der Fliegertruppe verpönt. Man fährt nicht, man "fliegt". In den Augen des braven Herrn war ich ganz entschieden durch die Tatsache, daß ich allein "fahre", sichtbar gesunken. Die Unterhaltung wurde etwas spröder.

Da kommen wir in seinem Quartier an. Ich habe noch immer meine schmutzige Öllederjacke an, einen dicken Schal um. Unterwegs hat er mich natürlich mit unendlich vielen Fragen bestürmt. Überhaupt war der ganze Herr bedeutend mehr aufgeregt als ich. Da zwang er mich, auf einem Sofa mich hinzulegen, oder wollte dies tun mit der Begründung, daß ich doch von meinem Kampf noch ganz echauffiert sein müßte. Ich versicherte ihm, daß ich schon manchmal luftgekämpft hätte, was ihm aber gar nicht in den Kopf kommen wollte. Ich sah gewiß nicht sehr kriegerisch aus.

Nach einiger Unterhaltung kommt er natürlich mit der berühmten Frage: "Haben Sie schon einmal einen abgeschossen?" Meinen Namen hatte er, wie gesagt, nicht gehört. "Ach ja", sagte ich, "ab und zu." – "So – so, haben Sie etwa schon zwei abgeschossen?" – "Nein, aber vierundzwanzig." Er lächelt, wiederholt seine Frage und meint, unter "abgeschossen" verstehe er einen, der runtergefallen sei und unten liegenbliebe. Ich versicherte ihm, das wäre auch meine Auffassung davon. Jetzt war ich ganz unten durch, denn jetzt hielt er mich für einen mächtigen Aufschneider. Er ließ mich sitzen und sagte mir, daß in einer Stunde gegessen würde, und wenn es mir recht sei, könne ich ja mitessen. Nun machte ich doch von seinem Anerbieten Gebrauch und schlief eine Stunde fest. Dann gingen wir rüber ins Kasino. Hier pellte ich mich aus und hatte zum Glück meinen Pour le mérite um. Leider aber keine Uniformjacke darunter, sondern nur eine Weste. Ich bitte um Entschuldigung, daß ich nicht besser angezogen bin, und mit einem Male entdeckt mein guter Häuptling an mir den Pour le mérite. Er wird sprachlos vor Erstaunen und versichert mir, daß er nicht wüßte, wie ich heiße. Ich sagte ihm nochmals meinen Namen. Jetzt schien ihm etwas zu dämmern, daß er wohl schon mal von mir gehört hatte. Ich bekam nun Austern und Schampus zu trinken und lebte eigentlich recht gut, bis schließlich

Schäfer kam und mich mit meinem Wagen abholte. Von ihm erfuhr ich, daß Lübbert wieder mal seinem Spitznamen Ehre gemacht hatte. Er hieß nämlich unter uns "Kugelfang", denn in jedem Luftkampf wurde seine Maschine arg mitgenommen. Einmal wies sie vierundsechzig Treffer auf, ohne daß er selbst verwundet war. Diesmal hatte er einen Streifschuß an der Brust bekommen und lag bereits im Lazarett. Seine Maschine flog ich gleich nach dem Hafen. Leider ist dieser hervorragende Offizier, der das Zeug dazu hatte, einmal ein Boelcke zu werden, einige Wochen später den Heldentod fürs Vaterland gestorben.

Am Abend kann ich meinem Gastgeber aus Hénin-Liétard noch Bescheid sagen, daß ich heute ein Viertelhundert voll gemacht habe.

*

Im Felde

Hier wieder angekommen, wird fleißig weitergearbeitet. Habe soeben Nr. 53 abgeschossen. In Kreuznach, auf dem Rückwege, war ich nochmals bei S.M. eingeladen, traf dort den König der Bulgaren, der mir das Kreuz der Tapferkeit erster Klasse verlieh. Es wird ebenso wie das E.K. I getragen und sieht sehr gut aus. Ich habe den Reichskanzler, den Grafen Dohna und noch einige Minister persönlich kennengelernt.

Von Oskar habe ich nun mit Bestimmtheit feststellen

können, daß er tatsächlich tot ist, denn er ist die letzten fünfhundert Meter aus seinem Flugzeug herausgefallen oder -gesprungen. Er liegt nahe der Front, aber jenseits. Ich habe durch Abwerfen bei den Engländern versucht, festzustellen, ob man ihn hat bergen können. Das Royal Flying Corps ist in dieser Beziehung sehr vornehm.

Schäfers Beerdigung habe ich mitgemacht. Ich flog dazu in drei Stunden von Berlin nach Krefeld; mit der Eisenbahn fährt man jetzt acht Stunden. Gestern fiel leider Zeumer im Luftkampf. Es war für ihn vielleicht noch das beste, denn er wußte, daß sein Lebensende ihm unmittelbar bevorstand. Dieser famose, nette Mensch! Wenn er sich so langsam hätte zu Tode quälen müssen. Es wäre doch schrecklich gewesen. So war es doch eben ein schöner Heldentod. In den nächsten Tagen ist seine Überführung. Lothar habe ich besucht und kam gerade noch zurecht, wie er abtransportiert wurde. Er sah ganz famos aus, braun gebrannt, lag fertig angezogen auf seiner Chaiselongue mit dem Pour le mérite um den Hals. Konnte sogar schon stehen und wird wieder ganz hergestellt werden. Gehen und Reiten wird wieder gut gehen. In etwa zwei Monaten kann er vielleicht schon wieder ins Feld. Er soll sich aber erst gründlich auskurieren.

Ein Fliegerstückchen
(Ende März 1917)

Der Name Siegfried-Stellung ist wohl jedem Jüngling im Deutschen Reiche bekannt. In den Tagen, in denen wir uns gegen diese Stellung zurückgezogen, gab es natürlich in der Luft auch eine rege Tätigkeit. Der Gegner hatte zwar unser verlassenes Gebiet auf der Erde bereits besetzt, die Luft dagegen überließen wir den Engländern nicht so bald, dafür sorgte Jagdstaffel Boelcke. Nur ganz vorsichtig wagten sich die Engländer aus ihrem bisherigen Stellungskrieg in der Luft hervor.

Es ist das die Zeit, wo unser lieber Prinz Friedrich Karl sein Leben dem Vaterlande opferte.

Bei einem Jagdflug der Jagdstaffel Boelcke hatte Leutnant Voß einen Engländer im Luftkampf besiegt. Er wurde von seinem Bezwinger auf die Erde gedrückt und landete in dem Gebiet, das man wohl als neutrales Gebiet bezeichnen kann. Wir hatten es zwar schon verlassen, der Gegner aber noch nicht besetzt. Nur Patrouillen, sowohl englische wie deutsche, hielten sich in dieser unbesetzten Zone auf. Das englische Flugzeug stand zwischen den Linien. Der brave Englishman hatte wohl geglaubt, daß dieses Gebiet bereits von den Seinen besetzt wäre, zu welcher Annahme er auch berechtigt war. Voß war aber anderer Meinung. Kurz entschlossen landete er neben seinem Opfer. Mit großer Geschwindigkeit montierte er die feindlichen Maschinengewehre und sonst noch brauchbare Teile aus der

Maschine ab und verfrachtete sie in der seinen, griff zum Streichholz, und in wenigen Augenblicken stand die Maschine in hellen Flammen. Eine Minute später winkte er den von allen Seiten herbeiströmenden Engländern aus seinem sieggewohnten Luftroß freundlich zu.

Heißer Tag

Der 2. April 1917 war wieder einmal ein heißer Tag für meine Staffel. Von meinem Platze aus konnten wir deutlich das Trommelfeuer hören, und gerade heute war es mal wieder sehr heftig.

Ich lag noch im Bett, da kommt mein Bursche zu mir hereingestürzt mit dem Ausruf: "Herr Leutnant, die Engländer sind schon da!" Noch etwas verschlafen gucke ich zum Fenster raus, und tatsächlich, da kreisen über dem Platz bereits meine lieben Freunde. Ich raus aus meinem Bett, die Sachen angezogen, war eins. Mein roter Vogel stand zur Morgenarbeit am Start. Meine Monteure wußten, daß ich diesen günstigen Augenblick wohl nicht ungenützt vorübergehen lassen würde. Alles war fertig. Schnell noch die Warmpelze, dann geht's los.

Ich war als letzter gestartet. Meine anderen Kameraden waren dem Feind viel näher. Da plötzlich fällt einem der frechen Kunden ein, auf mich herunterzustoßen. Ich lasse ihn ruhig herankommen, und nun beginnt ein lustiger Tanz. Bald fliegt mein Gegner auf dem Rücken, bald macht er dies, bald jenes. Es war ein zweisitziges Jagdflugzeug. Ich war ihm über, und so erkannte ich denn bald, daß er mir eigentlich nicht mehr entgehen konnte. In einer Gefechtspause überzeugte ich mich, daß wir uns alleine gegenüberstanden. Also, wer besser schießt, wer die größere Ruhe und den besseren Überblick im Augenblick der Gefahr hat, der gewinnt.

Es dauerte nicht lange, da hatte ich ihn runtergedrückt, ohne ihn wirklich ernstlich angeschossen zu haben, mindestens zwei Kilometer von der Front entfernt. Ich denke, er will landen, aber da habe ich mich in meinem Gegner verrechnet. Mit einem Male sehe ich, wie er, nur wenige Meter über dem Erdboden, plötzlich wieder geradeaus fliegt und mir zu entkommen sucht. Das war mir doch zu bunt. Ich griff ihn nochmals an, und zwar so niedrig, daß ich fast fürchete, die Häuser eines unter mir liegenden Dorfes zu berühren. Der Engländer wehrte sich bis zum letzten Augenblick. Noch ganz zum Schluß spürte ich einen Treffer in meiner Maschine. Nun ließ ich aber nicht mehr locker, jetzt mußte er fallen. Er rannte mit voller Fahrt in einen Häuserblock hinein. Viel war nicht mehr übrig. Es war wieder ein Fall glänzenden Schneids. Er verteidigte sich bis zum Letzten.

Sehr vergnügt über die Leistungen meines roten Stahlrosses bei der Morgenarbeit kehrte ich zurück. Meine Kameraden waren noch in der Luft und waren sehr erstaunt, als wir uns beim Frühstück trafen und ich ihnen von meiner Nummer Zweiunddreißig erzählen konnte.

Ein ganz junger Leutnant hatte seinen Ersten abgeschossen. Wir bereiteten uns für neue Kämpfe vor.

Ich hole meine versäumte Morgentoilette nach. Da kommt ein guter Freund – Leutnant Voß von der Jagdstaffel Boelcke – zu mir, um mich zu besuchen. Wir unterhalten uns. Voß hatte am Tage vorher seinen Dreiundzwanzigsten erledigt. Er stand also mir am nächsten und ist wohl zur Zeit mein heftigster Konkurrent.

Als er nach Hause fliegt, will ich ihn noch ein Stückchen begleiten. Wir machen einen Umweg über die Front. Das Wetter ist eigentlich sehr schlecht geworden, so daß wir nicht annehmen konnten, noch Weidmannsheil zu haben.

Unter uns geschlossene Wolken. Voß, dem die Gegend unbekannt war, fing es schon an ungemütlich zu werden. Über Arras traf ich meinen Bruder, der gleichfalls bei meiner Staffel ist und sein Geschwader verloren hatte. Er schließt sich uns auch an. Er wußte ja, daß ich es bin (roter Vogel).

Da sehen wir von drüben ein Geschwader ankommen. Sofort zuckt es mir durch den Kopf: "Nummer Dreiunddreißig!" Obwohl es neun Engländer waren und auf ihrem Gebiet, zogen sie es doch vor, den Kampf zu meiden. (Ich werde nächstens doch mal die Farbe wechseln müssen.) Aber wir holten sie doch ein. Schnelle Maschine ist eben die Hauptsache.

Ich bin dem Feind am nächsten und greife den hintersten an. Zu meinem größten Entzücken merke ich, daß er sich gleich in den Kampf mit mir einläßt, und mit noch viel größerem Vergnügen, daß ihn seine Kameraden im Stich lassen. Ich habe ihn also bald allein vor. Es ist wiederum derselbe Typ, mit dem ich es vormittags zu tun hatte. Er machte es mir nicht leicht. Er weiß, worauf es ankommt, und besonders aber: der Kerl schoß gut. Das konnte ich zu meinem Leidwesen nachher noch ziemlich genau feststellen. Der günstige Wind kommt mir zu Hilfe und treibt uns beiden Kämpfenden über unsere Linien. Der Gegner merkt, daß die Sache doch nicht so einfach ist, wie er sich wohl gedacht hat, und verschwindet in einem Sturzflug in einer Wolke. Beinahe war es seine Rettung. Ich stoße hinter ihm her, komme unten heraus und – Anlauf muß eben der Mensch haben – ich sitze wie durch ein Wunder genau hinter ihm. Ich schieße, er schießt, aber kein greifbares Resultat. Da – endlich habe ich ihn getroffen. Ich merke es an dem weißen Benzindunst, der hinter seinem Apparat zurückbleibt. Er muß also landen, denn sein Motor bleibt stehen.

Er war aber doch ein hartnäckiger Bursche. Er mußte erkennen, daß er ausgespielt hatte. Schoß er nun noch weiter, so konnte ich ihn sofort totschießen, denn wir waren mittlerweile nur noch dreihundert Meter hoch. Aber der Kerl verteidigte sich genau wie der von heute morgen, bis er unten gelandet war. Nach seiner Landung flog ich nochmals über ihn hinweg in zehn Meter Höhe, um festzustellen, ob ich ihn totgeschossen hatte oder nicht. Was macht der Kerl? Er nimmt sein Maschinengewehr und zerschießt mir die ganze Maschine.

Voß sagte nachher zu mir, wenn ihm das passiert wäre, hätte er ihn nachträglich noch auf dem Boden totgeschossen. Eigentlich hätte ich es auch machen müssen, denn er hatte sich eben noch nicht ergeben. Er war übrigens einer von den wenigen Glücklichen, die am Leben geblieben sind.

Sehr vergnügt flog ich nach Hause und konnte meinen Dreiunddreißigsten feiern.

"Le diable rouge"

Wunderbares Wetter. Wir stehen auf dem Platz. Ich habe Besuch von einem Herrn, der noch nie einen Luftkampf oder so etwas Ähnliches gesehen hat und mir gerade versichert, daß es ihn ungeheuer interessieren würde, einen solchen Luftkampf zu sehen.

Wir steigen in unsere Kisten und lachen sehr über ihn, und Schäfer meint: "Den Spaß können wir ihm machen!" Wir stellen ihn an ein Scherenfernrohr und fliegen los.

Der Tag fing gut an. Wir waren kaum zweitausend Meter hoch, da kamen uns schon die ersten Engländer in einem Geschwader von fünf entgegen. Ein Angriff, der mit einer Attacke zu vergleichen war – und das feindliche Geschwader lag vernichtet am Boden. Von uns war nicht ein einziger auch nur verwundet. Die Gegner waren – zwei brennend und drei so – auf unserer Seite abgestürzt.
Der gute Freund unten auf der Erde hatte nicht wenig ge-

staunt. Er hatte sich die Sache ganz anders vorgestellt; viel dramatischer. Er meinte, die Sache hätte so harmlos ausgesehen, bis plötzlich einige Flugzeuge, einer Rakete gleich, brennend abstürzten. Ich habe mich an den Anblick so allmählich gewöhnt, aber ich muß sagen, mir hat es auch einen Mordseindruck gemacht, und ich habe noch lange davon geträumt, wie ich den ersten Engländer habe ich die Tiefe sausen sehen.

Ich glaube, wenn es mir noch einmal passieren würde, es wäre mir nicht mehr so schrecklich wie damals.

Nachdem dieser Tag so gut angefangen hatte, setzten wir uns erst mal zu einem ordentlichen Frühstück hin, da wir alle einen Mordshunger hatten. In der Zwischenzeit wurden unsere Maschinen wieder in Schuß gebracht, neue Patronen geladen, und dann ging's weiter.

Am Abend konnten wir die stolze Meldung machen: "Dreizehn feindliche Flugzeuge durch sechs deutsche Apparate vernichtet."

Eine ähnliche Meldung hatte nur einmal die Jagdstaffel Boelcke machen können. Acht Flugzeuge waren es, die wir damals abschossen, heute hatte einer sogar vier Gegner zum Absturz gebracht. Es ist ein Leutnant Wolff, ein zartes, schlankes Kerlchen, in dem niemals einer einen solchen Massensieger erblicken würde. Mein Bruder hatte zwei, Schäfer zwei, Festner zwei, ich drei.

Abends legten wir uns kolossal stolz, andererseits aber auch recht müde in unsere Klappen.

Am Tage darauf lasen wir unter großem Hallo im Hee-

Im Luftkampf

resbericht von den Taten des Tages vorher. Im übrigen schossen wir am Tage darauf acht ab.

Eine sehr niedliche Geschichte ereignete sich noch:

Einer von unseren abgeschossenen Engländern war gefangen und kommt ins Gespräch mit uns. Natürlich erkundigte er sich auch nach der roten Maschine. Selbst bei der Truppe unten im Schützengraben ist sie nicht unbekannt und geht unter dem Namen "le diable rouge". Bei seiner Squadron hat sich das Gerücht verbreitet, daß in der roten Maschine ein Mädchen säße, so etwas Ähnliches wie Jeanne d'Arc. Er war sehr erstaunt, als ich ihm versicherte, daß das vermutete Mädchen zur Zeit vor ihm stünde. Er hatte damit keinen Witz machen wollen, sondern war selbst überzeugt, daß tatsächlich in der pervers angestrichenen Kiste nur eine Jungfrau sitzen konnte.

"Moritz"

Das schönste Wesen, das je die Welt geschaffen hat, ist die echte Ulmer Dogge, mein "kleines Schoßhündchen", der "Moritz". Ich habe ihn in Ostende von einem braven Belgier für fünf Mark gekauft. Die Mutter war ein schönes Tier, einer seiner Väter auch, also ganz "rasserein". Davon bin ich überzeugt. Ich hatte die Auswahl und suchte mir den niedlichsten heraus. Zeumer nahm sich einen zweiten und nannte ihn "Max". Max fand ein jähes Ende unter einem Auto, Moritz aber gedieh vortrefflich. Er schlief mit mir im Bett und wurde vorzüglich erzogen. Er hat mich von Ostende ab auf Schritt und Tritt begleitet und ist mir sehr ans Herz gewachsen. Von Monat zu Monat wurde Moritz groß und größer, und es entwickelte sich so allmählich aus dem zarten Schoßhündchen ein ganz ungeheuer großes Tier.

Ich habe ihn sogar einmal mitgenommen. Er ist mein erster "Franz" gewesen. Er benahm sich dabei sehr vernünftig, und sehr interessiert beäugte er sich die Welt von oben. Nur meine Monteure schimpften nachher, daß sie das Flugzeug von einigen unangenehmen Dingen reinigen mußten. Moritz war aber nachher wieder sehr vergnügt.

Er ist nun schon über ein Jahr alt und immer noch das kindische Tier von einigen Monaten. Er spielt sehr gut Billard. Leider geht dabei so manche Kugel, besonders aber so manches Billardtuch flöten. Er hat auch eine Riesen-Jagdpassion. Meine Monteure sind darüber sehr glücklich, denn er fängt ihnen so manchen schönen Hasenbraten. Von mir kriegt er immer dafür etwas Senge, denn ich bin weniger erbaut von dieser Passion.

Er hatte eine dumme Eigenschaft. Er liebte es, die Flugzeuge bei jedem Start zu begleiten. Der normale Tod eines Fliegerhundes ist bei dieser Gelegenheit der Tod durch den Propeller. Wieder einmal jagte er vor einem startenden Flugzeug einher, wird natürlich eingeholt und – ein sehr schöner Propeller war hin. Moritz heulte schrecklich, und eine von mir versäumte Maßnahme wurde auf diese Weise nachgeholt. Ich habe mich immer gesträubt, ihn kupieren zu lassen, d.h. im besonderen ihm die Ohren beschneiden zu lassen. Auf der einen Seite hat es nun der Propeller nachgeholt. Die Schönheit hat ihn nie gedrückt, aber das eine Klappohr und das andere halbkupierte stehen ihm recht gut. Überhaupt, wenn der Ringelschwanz nicht wäre, wäre es eine richtige, echte Ulmer Dogge.

Moritz hat den Weltkrieg und unsere Feinde richtig erfaßt. Als er zum erstenmal im Sommer 1916 russische Eingeborene sah – der Zug hielt, und Moritz wurde etwas spazieren geführt –, verjagte er die hinzugelaufene russische Jugend mit ungeheurem Gekläff. Auch Franzosen schätzt er nicht, obwohl er ja eigentlich selbst ein Belgier ist. Ich gab mal in einem neuen Quartier Einwohnern den Auftrag, das Haus zu säubern. Als ich abends wiederkam, war nichts gemacht. Verärgert lasse ich mir einen Franzosen kommen. Kaum macht er die Tür auf, begrüßt ihn Moritz etwas unliebenswürdig. Nun konnte ich mir erklären, weshalb die Herren mein Château gemieden hatten.

Verwundet

An einem wunderbaren Tage (6. Juli 1917) unternahm ich mit meiner Jagdstaffel einen Jagdflug. Wir waren schon eine ganze Weile zwischen Ypern und Armentières herumgetobt, ohne so richtig zu einem Kampf kommen zu können. Da sah ich drüben ein Geschwader und dachte mir gleich: Die Brüder wollen rüber. Sie kamen ran an die

Front, sahen uns, bogen wieder ab, und schon glaubte ich, ich hätte mir den Feind vergrämt. Deshalb mußte ich zu einer List greifen und flog weg; aber dauernd beobachtete ich das feindliche Geschwader. Es dauerte nicht lange, so sah ich sie wieder Richtung unserer Front fliegen.

Wir hatten ungünstigen Wind, d.h. also Wind von Osten her kommend. Ich ließ sie erst eine ganze Strecke hereinfliegen ins Land; dann schnitt ich ihnen den Weg zur Front ab. Es waren wieder meine lieben Freunde, die großen Vickers. Das ist ein englischer Flugzeugtyp mit einem Gitterrumpf; der Beobachter sitzt vorn.

Nur langsam holten wir die schnellen Gegner ein. Wir hätten sie wahrscheinlich nie gekriegt, wenn wir nicht die größere Höhe gehabt hätten und auf sie zu drücken konnten. Ich hatte nach einer ganzen Weile den hintersten so nahe vor mir, daß ich mir schon die Art und Weise, ihn anzugreifen, überlegen konnte. Unter mir flog Wolff. Ich erkannte an dem Tacken des deutschen Maschinengewehrs, daß er sich bereits in einen Kampf eingelassen hatte. Da drehte mein Gegner ab und nahm den Kampf mit mir auf. Aber immerhin noch auf eine so große Entfernung, daß man eigentlich von einem wahren Luftkampf noch nicht sprechen konnte. Ich hatte noch nicht einmal entsichert, so viel Zeit war noch, bis ich mich in den Kampf mit dem Gegner einlassen konnte. Da sah ich bereits, wie der Beobachter, wohl aus lauter Aufregung, schon schoß. Ich ließ ihn ruhig schießen, denn auf eine Entfernung von dreihundert Meter und darüber hilft selbst dem besten Schützen seine Schießkunst nichts. Man trifft eben nicht! Nun hatte er ganz auf mich eingedreht, und ich hoffte, in der nächsten Kurve hinter ihm zu sitzen und ihm was auf den Pelz brennen zu können. Da mit einem Male ein Schlag gegen meinen Kopf! Ich war getroffen! Für einen Augenblick war ich völlig gelähmt am ganzen Körper. Die Hände hingen mir runter, die Beine baumelten in die Karosserie. Das Übelste war: durch den Schlag auf den Kopf war der Sehnerv gestört, und ich war völlig erblindet. Die Maschine stürzte ab. Für den Augenblick durchzuckte es mir den Kopf: Also so sieht es aus, wenn man abstürzt und sich kurz vor dem Tode befindet. Ich erwartete jeden Augenblick, daß die Flächen das Stürzen nicht aushalten und abbrechen würden.

Ich sitze allein in der Kiste. Die Besinnung hatte ich nicht für einen Augenblick verloren. Ich kriegte auch bald wieder die Gewalt über meine Arme und Beine, so daß ich die Steuer ergreifen konnte. Das Gas abstellen und Zündung herausnehmen machte ich mechanisch. Aber was half's mir! Mit geschlossenen Augen kann man nicht fliegen! Ich hatte die Augen weit aufgerissen, die Brille weggeworfen, aber es war mir nicht einmal möglich, die Sonne zu sehen. Ich war vollständig erblindet. Die Sekunden wurden mir zu einer Ewigkeit. Ich merkte, daß ich noch immer fiel. Die Maschine hatte sich wohl ab und zu gefangen, kam aber immer wieder ins Stürzen. Ich war wohl anfangs viertausend Meter hoch gewesen und konnte jetzt schon mindestens zweitausend bis dreitausend Meter gefallen sein. Meine ganze Energie zusammennehmend, sagte ich mir immer: "Ich muß sehen!"

Ob mir die Energie dabei geholfen hat, weiß ich nicht. Jedenfalls, mit einem Male konnte ich schwarze und weiße Flecke vor mir unterscheiden. Immer mehr und mehr bekam ich wieder mein Augenlicht. Ich guckte nach der Sonne, konnte sie frei ansehen, ohne auch nur den leisesten Schmerz zu empfinden oder das Gefühl zu haben, ich würde geblendet. Ich sah wie durch eine schwarze dicke Brille. Aber es genügte mir.

Mein erster Blick war auf den Höhenmesser. Er zeigte noch achthundert Meter an. Wo ich mich befand, ahnte ich nicht. Ich fing die Maschine wieder, brachte sie in eine normale Lage und setzte meinen Gleitflug fort. Nichts wie Granatlöcher waren unter mir. Einen großen Waldkomplex erkannte ich und konnte an diesem feststellen, ob ich drüben oder bei uns war. Zu meiner großen Freude sah ich, daß ich bereits ein ganzes Stückchen diesseits mich befand. Wäre der Engländer mir gefolgt, er hätte mich ohne Zucken abschießen können. Aber Gott sei Dank befand ich mich von meinen Kameraden beschützt, die sich mein Fallen und Stürzen anfangs gar nicht erklären konnten.

Ich wollte anfangs gleich landen, weil ich nicht wußte, wie weit ich es noch aushalten könnte, bevor ich ohnmächtig würde. Deshalb ging ich bis auf fünfzig Meter herunter, fand aber in den vielen Granattrichtern kein Fleckchen, auf dem die Möglichkeit einer Landung war. Deshalb gab ich noch einmal Gas und flog Richtung Osten, in niedriger Höhe, solange ich noch das Bewußtsein hatte. Es ging anfangs ganz gut. Nach einigen Sekunden aber merkte ich, wie die Kräfte nachließen und mir so sachte schwarz vor den Augen wurde. Nun war es höchste Zeit. Ich landete und konnte die Maschine sogar noch glatt hinsetzen, nahm dabei einige Pfähle und Telefonleitungen mit, was mir aber in diesem Augenblick ziemlich schnuppe war. Ich hatte sogar noch die Kraft, in meiner Maschine aufzustehen, und wollte noch aussteigen. Dabei fiel ich heraus und hatte nun nicht mehr die Kraft, aufzustehen, sondern legte mich gleich hin.

Sofort waren einige Leute zur Stelle, die den ganzen Vorgang beobachtet hatten und die an meiner roten Maschine erkannten, daß ich es war. Die Mannschaften wikkelten meinen Kopf mit ihren Verbandpäckchen ein. Was nun geschah, war mir bloß noch in dunkler Erinnerung. Das Bewußtsein hatte ich nicht ganz verloren, aber ich befand mich in einem etwas dösig-benommenen Zustande. Ich weiß nur noch, daß ich mich ausgerechnet auf eine Distel gelegt hatte und nicht mehr die Kraft fand, von dieser Stelle mich herunterzuwälzen, was auf die Dauer höchst peinlich war.

Ich hatte das Glück, meine Maschine neben einer Straße gelandet zu haben. Es dauerte nicht lange, da kam ein Sanitätsauto gefahren, in das ich gleich verfrachtet und nun in mehrstündiger Fahrt nach Courtrai in ein Feldlazarett geschafft wurde. Hier waren bereits die Ärzte vorbereitet und begannen nun ihre Arbeit.

Ich hatte ein ganz anständiges Loch im Kopf, eine Wunde von etwa zehn Zentimeter Länge, die man nachher zwar zusammenziehen konnte; an einer Stelle aber blieb der blanke weiße Knochen wie ein Taler groß frei liegen. Meinen Richthofenschen Dickkopf hatte ich wieder mal bewiesen. Der Schädel war nicht einmal durchschlagen. Mit etwas Phantasie konnte man bei der Röntgenaufnahme eine kleine Einbeulung feststellen. Ein Schädelbrummen, das ich tagelang nicht loswurde, war weniger angenehm.

In der Heimat wurde berichtet, ich läge mit schwerem Kopf- und Bauchschuß im Lazarett, im übrigen ginge es mir aber recht gut.

Ich bin neugierig, wer eher in die Kiste steigen kann, mein Bruder oder ich. Mein Bruder befürchtet, ich bin es, und ich befürchte, mein Bruder wird es sein.

*

Jagdgeschwader, 28. August 1917

Über Lothars Gesundheit freue ich mich sehr. Er darf aber unter keinen Umständen eher an die Front, als bis er körperlich bei vollen Kräften ist. Sonst macht er hier sofort schlapp oder wird abgeschossen. Das merke ich am besten an mir selber. Ich habe erst zwei Feindflüge gemacht, beide zwar mit Erfolg, aber ich war nach jedem Flug vollständig erschöpft. Bei meinem ersten ist mir beinahe schlecht geworden. Meine Wunde heilt furchtbar langsam; sie ist immer noch so groß wie ein Fünfmarkstück. Gestern haben sie mir noch ein Stück Knochen herausgeholt; ich glaube, es wird der letzte sein.

Vor einiger Zeit war hier der Kaiser zu einer Truppenschau, dabei hat er sich längere Zeit mit mir unterhalten. Nächstens komme ich auf Urlaub, freue mich schon sehr, Euch alle zusammen anzutreffen.

Englischer Bombenangriff auf unseren Flughafen

Die Vollmondnächte sind für den Nachtflieger am geeignetsten.

In den Vollmondnächten des Monats April betätigten sich unsere lieben Engländer besonders emsig. Natürlich war es mit der Arras-Schlacht in Verbindung zu bringen. Sie mochten wohl herausbekommen haben, daß wir in Douai auf einem sehr, sehr schönen, großen Flugplatz uns häuslich eingerichtet hatten. Eines Nachts, wir sitzen im Kasino, klingelt das Telefon, und es wird mitgeteilt: "Die Engländer kommen." Natürlich großes Hallo. Unterstände hatten wir ja; dafür hatte der tüchtige Simon gesorgt. Simon ist unser Bausachverwalter. Also alles stürzt in die Unterstände, und man hört tatsächlich – zuerst noch ganz leise, aber ganz sicher das Geräusch eines Flugmotors. Die Flaks und Scheinwerfer scheinen auch eben die Mitteilung bekommen zu haben, denn man merkt, wie sie sachte lebendig werden. Der erste Feind war aber noch viel zu weit, um angegriffen zu werden. Uns machte es einen Heidenspaß. Wir befürchteten nur immer, die Engländer würden unseren Platz nicht finden, denn das ist nachts gar nicht so einfach, besonders, da wir nicht an einer großen Chaussee lagen oder an einem Wasser oder an einer Eisenbahn, die des Nachts die besten Anhaltspunkte bilden.

Der Engländer flog scheinbar sehr hoch. Erst einmal um den ganzen Platz herum. Wir glaubten schon, er hätte sich ein anderes Ziel gesucht. Mit einem Male aber stellt er den Motor ab und kommt herunter. "Nun wird's ernst", meinte Wolff. Wir hatten uns zwei Karabiner geholt und fingen an, auf den Engländer zu schießen. Sehen konnten wir ihn ja noch nicht. Aber allein der Knall beruhigte schon unsere Nerven. Jetzt kommt er in den Scheinwerfer hinein. Auf dem ganzen Flugplatz überall ein großes Hallo. Es ist eine ganz alte Kiste. Wir können den Typ genau erkennen. Er ist höchstens noch einen Kilometer von uns entfernt. Er fliegt genau auf unseren Platz zu. Er kommt immer niedriger. Jetzt kann er höchstens noch hundert Meter hoch sein. Da stellt er wieder den Motor an und kommt genau auf uns zugeflogen. Wolff meint noch: "Gott sei Dank, er hat sich die andere Seite des Flugplatzes ausgesucht." Aber es dauerte nicht lange, da kommt die erste, und dann regnet es einige Bömbchen. Es war ein wunderbares Feuerwerk, daß uns der Bruder vormachte. Einem Angsthasen konnte er auch Eindruck machen. Ich finde überhaupt, Bombenwerfen in der Nacht ist nur moralisch von Bedeutung.

Hat einer die Hosen voll, so ist es für ihn sehr peinlich, für die anderen aber nicht.

Wir empfanden einen großen Spaß und meinten, die Engländer könnten doch recht oft kommen. Also, mein guter Gitterschwanz warf seine Bomben ab, und zwar aus fünfzig Meter Höhe. Das ist eine ziemliche Frechheit, denn auf fünfzig Meter mute ich mir zu, auch des Nachts bei Vollmond einem Keiler einen ganz anständigen Blattschuß zu verpassen. Warum sollte ich nicht auch einen Engländer treffen? Es wäre doch mal etwas anderes gewesen, so einen Bruder von unten abzuschießen.

Von oben hatten wir schon mehreren die Ehre gegeben, aber von unten hatte ich es nicht probiert. Wie der Engländer weg war, gingen wir wieder ins Kasino und besprachen uns, wie wir den Brüdern in der nächsten Nacht einen Empfang bereiten wollten. Tags darauf sah man die Burschen usw. sehr emsig arbeiten. Sie beschäftigten sich damit, Pfähle in der Nähe des Kasinos und der Offizier-Wohnbaracken einzurammen, die in der kommenden Nacht als Maschinengewehrstände benutzt werden sollten. Wir schossen uns mit erbeuteten englischen Flugzeug-Maschinengewehren ein, machten uns ein Nachtkorn drauf und waren sehr gespannt, was nun werden würde. Die Zahl der Maschinengewehre will ich nicht verraten, aber es sollte genügen. Jeder von meinen Herren war mit so einem Ding bewaffnet.

Wir sitzen wieder im Kasino. Gesprächsstoff sind natürlich die Nachtflieger. Da kommt ein Bursche hereingestürzt und schreit nur: "Sie kommen, sie kommen!" und verschwindet, etwas spärlich bekleidet, im nächsten Unterstand. Jeder von uns stürzt an die Maschinengewehre. Einige tüchtige Mannschaften, die gute Schützen sind, sind auch damit bewaffnet. Alle übrigen haben Karabiner. Die Jagdstaffel ist jedenfalls bis an die Zähne bewaffnet und bereit, die Herren zu empfangen.

Der erste kam, genau wie am Abend vorher, in größerer Höhe, geht dann auf fünfzig Meter herunter, und zu unserer größten Freude hat er es diesmal gleich auf unsere Barackenseite abgesehen. Er ist im Scheinwerfer. Jetzt ist er höchstens noch dreihundert Meter von uns entfernt. Der erste fängt an zu schießen, und zur selben Zeit setzen alle übrigen ein. Ein Sturmangriff könnte nicht besser abgewehrt werden als dieser Angriff des einzelnen frechen Kunden in fünfzig Meter Höhe. Ein rasendes Feuer empfängt ihn. Hören konnte er das Maschinengewehrfeuer ja nicht, daran hinderte ihn sein Motor, aber das Mündungsfeuer eines jeden sah er, und deshalb finde ich es auch diesmal sehr schneidig von dem Bruder, daß er nicht abbog, sondern starr seinen Auftrag durchführte. Er flog genau über uns weg. In dem Augenblick, als er über uns weg war, springen wir natürlich schnell in den Unterstand, denn durch so 'ne dämliche Bombe erschlagen zu werden, wäre für einen Jagdflieger ein selten dämlicher Heldentod. Kaum ist er über uns weg, wieder 'ran an die Gewehre und feste hinter ihm hergefeuert. Schäfer behauptete natürlich: "Ich habe ihn getroffen." Der Kerl schießt ganz gut.

Aber in diesem Fall glaubte ich ihm denn doch nicht, und außerdem hatte jeder andere ebenso gute Chancen.

Wir hatten wenigstens das erreicht, daß der Gegner seine Bomben ziemlich planlos in die Gegend warf. Eine allerdings platzte ein paar Meter neben dem "petit rouge", tat ihm aber nicht weh. Dieser Spaß wiederholte sich in der Nacht noch mehrere Male. Ich lag bereits im Bett und schlief fest, da hörte ich im Traum Ballonabwehrfeuer, wachte davon auf und konnte nur feststellen, daß der Traum Wahrheit war. Ein Kunde flog so niedrig über meine Bude weg, daß ich mir vor lauter Angst die Bettdecke über den Kopf zog. Im nächsten Augenblick ein wahnsinniger Knall, ganz in der Nähe meines Fensters, und meine Scheiben waren ein Opfer der Bombe. Schnell im Hemd rausgestürzt und noch einige Schuß hinter ihm her. Draußen wurde er schon kräftig beschossen. Ich hatte aber diesen Herrn leider verschlafen.

Am nächsten Morgen waren wir sehr erstaunt und hocherfreut, als wir feststellten, daß wir nicht weniger als drei Engländer von der Erde aus abgeschossen hatten. Sie waren nicht weit von unserem Flughafen gelandet und gefangengenommen worden. Wir hatten meist die Motoren getroffen und sie dadurch gezwungen, auf unserer Seite 'runterzugehen. Also hatte sich vielleicht Schäfer doch nicht geirrt. Wir waren jedenfalls sehr zufrieden mit unserem Erfolg. Die Engländer dafür etwas weniger, denn sie zogen es vor, unseren Platz nicht mehr zu attackieren.

Am Abend machen wir einen Jagdflug, kommen sehr spät nach Hause und haben Schäfer unterwegs verloren. Natürlich hofft jeder, daß er vor Dunkelheit noch den Platz erreicht. Es wird neun, es wird zehn, Schäfer kommt nicht. Benzin kann er nicht mehr haben, folglich ist er irgendwo notgelandet. Daß einer abgeschossen ist, will man sich nie zugeben. Keiner wagt es in den Mund zu nehmen, aber jeder fürchtet es im stillen. Das Telefonnetz wird in Bewegung gesetzt, um zu ermitteln, wo ein Flieger gelandet ist. Kein Mensch kann uns Auskunft geben. Keine Division, keine Brigade will ihn gesehen haben. Ein ungemütlicher Zustand. Schließlich gehen wir schlafen. Wir waren alle fest überzeugt, er würde sich noch einfinden. Nachts um zwei werde ich plötzlich geweckt. Die Telefonordonnanz teilt mir strahlend mit: "Schäfer befindet sich im Dorf Y und bittet um Abholung."

Am nächsten Morgen zum Frühstück öffnet sich die Tür, und mein braver Pilot steht in so verdrecktem Anzug vor mir, wie ihn der Infanterist nach vierzehn Tagen Arras-Schlacht am Leibe hat. Großes Hallo! Schäfer ist quietschvergnügt und muß seine Erlebnisse zum besten geben. Er hat einen Bärenhunger. Nachdem er gefrühstückt hat, erzählt er uns folgendes:

"Ich fliege nach Hause an der Front entlang und sehe in ganz niedriger Höhe drüben scheinbar einen Infanterieflieger. Ich greife ihn an, schieße ihn ab und will wieder zurückfliegen, da nehmen mich die Engländer unten aus den Schützengräben mächtig vor und beknallen mich ganz unheimlich. Meine Rettung war natürlich die Geschwindigkeit des Flugzeuges, denn daß sie beim Schießen vorhalten müssen, daran denken die Kerle natürlich nicht. Ich war vielleicht noch zweihundert Meter hoch, aber ich muß doch versichern, daß ich gewisse Körperteile mächtig angespannt habe, aus erklärlichen Gründen. Mit einem Male gibt es einen Schlag, und mein Motor bleibt stehen. Also landen. Komme ich noch über die feindlichen Linien, oder komme ich nicht? Das war sehr die Frage. Die Engländer haben es bemerkt und fangen wie wahnsinnig an zu schießen. Jetzt höre ich jeden einzelnen Schuß, denn mein Motor läuft nicht mehr, der Propeller steht still. Eine peinliche Situation. Ich komme herunter, lande, meine Maschine steht noch nicht, da werde ich aus einer Hecke des Dorfes Monchy bei Arras ganz kolossal mit Maschinengewehrfeuer beschossen. Die Kugeln klatschen nur so in meine Maschine herein. Ich raus aus der Kiste und in das nächste Granatloch rein, war eins. Dort besann ich mich mal erst, wo ich mich befinde. So allmählich wird mir klar, daß ich über die Linien rüber bin, aber noch verdammt nahe bei ihnen. Gott sei Dank ist es etwas spät abends. Das ist meine Rettung.

Es dauert nicht lange, da kommen die ersten Granaten an. Natürlich sind es Gasgranaten, und eine Maske hatte ich selbstverständlich nicht mit. Also mir fingen die Augen ganz erbärmlich an zu tränen. Die Engländer schossen sich vor Dunkelheit auch noch mit Maschinengewehren auf meine Landungsstelle ein, ein Maschinengewehr offenbar auf mein Flugzeug, das andere auf meinen Granattrichter. Die Kugeln klatschten oben immer dagegen. Ich stecke mir daraufhin, um meine Nerven zu beruhigen, erst mal eine Zigarette an, ziehe mir meinen dicken Pelz aus und mache mich zum 'Sprung auf! Marsch, marsch!' bereit. Jede Minute erscheint wie eine Stunde.

Allmählich wurde es dunkel, aber nur ganz allmählich. Um mich herum locken die Rebhühner. Als Jäger erkannte ich, daß die Hühner ganz friedlich und vertraut waren, also war keine Gefahr, daß ich in meinem Versteck überrascht wurde. Schließlich wurde es immer finsterer. Auf einmal geht ganz in meiner Nähe ein Pärchen Rebhühner hoch, gleich darauf ein zweites, und ich erkannte daraus, daß Gefahr im Anzuge war. Offenbar war es eine Patrouille, die mir guten Abend sagen wollte. Nun wird's die höchste Zeit, daß ich mich aus dem Staube mache. Erst ganz vorsichtig auf dem Bauche kriechend, von Granatloch zu Granatloch. Ich komme nach etwa anderthalb Stunden eifrigen Kriechens an die ersten Menschen. Sind es Engländer, oder sind es Deutsche? Sie kommen heran, und beinahe wäre ich den Musketieren um den Hals gesprungen, als ich sie erkannte. Es war eine Schleichpatrouille, die sich im neutralen Zwischengelände herumtreibt. Einer der Leute führte mich zu seinem Kompanieführer, und hier erfuhr ich denn, daß ich am Abend zuvor etwa fünfzig Schritte vor der feindlichen Linie gelandet sei und unsere Infanterie mich bereits aufgegeben hatte. Ich nahm mal erst ein ordentliches Abendbrot zu mir und trat dann den Rückmarsch an.

Hinten wurde viel mehr geschossen als vorn. Jeder Weg, jeder Annäherungsgraben, jedes Gebüsch, jeder Hohlweg, alles lag unter feindlichem Feuer. Am nächsten Morgen griffen die Engländer an, sie mußten also heute abend ihre Artillerievorbereitung beginnen. Ich hatte mir also einen ungünstigen Tag für mein Unternehmen ausgesucht. Erst gegen zwei Uhr morgens erreichte ich das erste Telefon und konnte mich mit meiner Staffel in Verbindung setzen."

Wir waren alle glücklich, unseren Schäfer wiederzuhaben. Er legte sich ins Bett. Jeder andere hätte mal für die nächsten vierundzwanzig Stunden auf den Genuß des Jagdfliegens verzichtet. Mein Schäfer attackierte aber bereits am Nachmittag desselben Tages wiederum über Monchy einen ganz tief fliegenden B.E.

Das Anti-Richthofen-Geschwader

Die Engländer hatten sich einen famosen Witz ausgedacht, nämlich mich zu fangen oder abzuschießen. Zu diesem Zwecke hatten sie tatsächlich ein besonderes Geschwader aufgestellt, das in dem Raum flog, in dem wir uns meistens rumtrieben. Wir erkannten es daran, daß es hauptsächlich gegen unsere roten Flugzeuge offensiv wurde.

Ich muß bemerken, daß wir unsere ganze Jagdstaffel rot angemalt hatten, da den Brüdern doch allmählich klar geworden war, daß ich in dieser knallroten Kiste säße. So waren wir jetzt alle rot, und die Engländer machten recht große Augen, wie sie statt der einen ein ganzes Dutzend solcher Kisten sahen. Das hielt sie aber nicht ab, den Versuch zu machen, uns zu attackieren. Es ist mir ja viel lieber, die Kundschaft kommt zu mir, als daß ich zu ihr hingehen muß.

Wir flogen an die Front, in der Hoffnung, unsere Gegner zu finden. Nach etwa zwanzig Minuten kamen die ersten an und attackierten uns tatsächlich. Das war uns schon seit langer Zeit nicht mehr passiert. Die Engländer hatten ihren berühmten Offensivgeist doch etwas eingeschränkt, da er ihnen wohl etwas zu teuer zu stehen gekommen war. Es waren drei Spad-Einsitzer, die sich infolge ihrer guten Maschinen uns sehr überlegen glaubten.

Es flogen zusammen: Wolff, mein Bruder und ich. Drei gegen drei, das paßte also ganz genau. Gleich zu Anfang wurde aus dem Angriff eine Verteidigung. Schon hatten wir überhand. Ich kriegte meinen Gegner vor und konnte noch schnell sehen, wie mein Bruder und Wolff sich jeder einen dieser Burschen vorbanden. Es begann der übliche Tanz, man kreist umeinander. Der gute Wind kam uns zu Hilfe. Er trieb uns Kämpfende von der Front weg, Richtung Deutschland.

Meiner war der erste, der stürzte. Ich hatte ihm wohl den Motor zerschossen. Jedenfalls entschloß er sich, bei uns zu landen. Pardon kenne ich nicht mehr, deshalb attackierte ich ihn noch ein zweites Mal, worauf das Flugzeug in meiner Geschoßgarbe auseinanderklappte. Die Flächen fielen wie ein Blatt Papier, jede einzeln, und der Rumpf sauste wie ein Stein brennend in die Tiefe. Er fiel in einen Sumpf. Man konnte ihn nicht mehr ausgraben. Ich habe nie erfahren, wer es war, mit dem ich gekämpft habe. Er war verschwunden. Bloß noch die letzten Reste des Schwanzes verbrannten und zeigten die Stätte, wo er sich selbst sein Grab gegraben hatte.

Gleichzeitig mit mir hatten Wolff und mein Bruder ihre Gegner angegriffen und nicht weit von dem meinigen zur Landung gezwungen.

Wir flogen sehr vergnügt nach Hause und meinten: "Hoffentlich kommt recht oft das Anti-Richthofen-Geschwader."

Der "alte Herr" kommt uns besuchen

Der "alte Herr" hatte sich angesagt, der seine beiden Söhne besuchen wollte. Mein Vater ist Ortskommandant eines Städtchens in der Nähe von Lille, also nicht sehr weit weg von uns. Von oben kann ich ihn öfters sehen. Er wollte mit dem Zuge um neun Uhr kommen. Um halb zehn ist er auf unserem Platz. Wir kommen gerade von einem Jagdflug nach Hause, und mein Bruder steigt zuerst aus seiner Kiste, begrüßt den alten Herrn: "Guten Tag, Papa, ich habe eben einen Engländer abgeschossen." Darauf steige ich aus meiner Maschine: "Guten Tag, Papa, ich habe eben einen Engländer abgeschossen." Der alte Herr war glücklich, es machte ihm viel Spaß, das sah man ihm an. Er ist nicht einer von den Vätern, die sich um ihre Söhne bangen, sondern am liebsten möchte er selbst sich in eine Maschine setzen und auch abschießen – glaube ich wenigstens. Wir frühstückten erst mit ihm, dann flogen wir wieder.

In der Zwischenzeit spielte sich ein Luftkampf über unserem eigenen Flughafen ab, den mein Vater sehr interessiert beobachtete. Wir waren aber nicht beteiligt, denn wir standen unten und sahen selbst zu. Es war ein englisches Geschwader, das durchgebrochen war und über unserem Flughafen von einigen unserer Aufklärungsflieger angegriffen wurde. Plötzlich überschlägt sich das eine Flugzeug, fängt sich wieder und kommt herunter im normalen Gleitflug, und wir erkennen mit Bedauern, daß es diesmal ein Deutscher ist. Die Engländer fliegen weiter. Das deutsche Flugzeug ist scheinbar angeschossen, kommt aber ganz richtig gesteuert herunter und versucht, auf unserem Flugplatz zu landen. Der Platz ist etwas klein für das große Ding. Auch war es dem Piloten unbekanntes Gelände. So war die Landung nicht ganz glatt. Wir stürzten hin und müssen mit Bedauern feststellen, daß der eine der Insassen, der Maschinengewehrschütze, gefallen ist. Dieser Anblick war meinem Vater etwas Neues und stimmte ihn offenbar sehr ernst.

Der Tag versprach noch recht gut zu werden für uns. Wunderbar klares Wetter. Dauernd hörte man die Abwehrgeschütze; also unentwegter Flugbetrieb. Gegen Mittag flogen wir wieder. Diesmal hatte ich wieder Glück und hatte meinen zweiten Engländer an dem Tage abgeschossen. Nach Tisch ein kurzer Schlaf, und man war wieder ganz auf der Höhe. Wolff war mit seiner Gruppe während der Zeit am Feinde gewesen und hatte selbst einen erledigt. Auch Schäfer. Nachmittags starteten mein Bruder und ich mit Schäfer, Festner und Allmenröder noch zweimal. Der erste Flug war verunglückt, der zweite Flug um so besser. Wir waren nicht lange an der Front, da kam uns ein feindliches Geschwader entgegen. Leider sind sie höher als wir. Also können wir nichts machen. Wir versuchen, ihre Höhe zu erreichen: es glückt uns nicht. Wir müssen sie auslassen, fliegen an der Front entlang, mein Bruder dicht neben mir, den anderen voraus. Da sehe ich zwei feindliche Artillerieflieger nahe an unsere Front herankommen. Ein kurzer Wink meines Bruders, und wir hatten uns verständigt. Wir fliegen nebeneinander her, unsere Geschwindigkeit vergrößernd. Jeder fühlt sich so sicher, einmal sich selbst dem Feinde überlegen. Besonders aber konnte man sich aufeinander verlassen. Denn das ist eben die Hauptsache. Man muß wissen, mit wem man fliegt. Also mein Bruder war zuerst an die Gegner heran, greift sich den ersten, der ihm am nächsten fliegt, heraus, ich mir den zweiten.

Nun gucke ich mich noch schnell um, daß nicht noch ein

dritter in der Nähe ist; aber wir sind allein. Aug' in Auge. Ich habe meinem Gegner bald die günstigste Seite abgerungen, ein kurzes Reihenfeuer, und das feindliche Flugzeug platzt auseinander. So schnell war mir ein Kampf noch nie vorgekommen.

Während ich noch beobachte, wo die Trümmer meines Gegners herunterstürzen, gucke ich mich nach meinem Bruder um. Er war kaum fünfhundert Meter von mir entfernt, noch im Kampf mit seinem Gegner.

Ich hatte Zeit, mir dieses Bild genau anzusehen, und muß sagen, daß ich selbst es nicht hätte besser machen können. Auch er hatte bereits den Gegner überrumpelt, und beide drehten sich umeinander. Da plötzlich bäumt sich das feindliche Flugzeug auf – ein sicheres Zeichen des Getroffenseins, gewiß hatte der Führer Kopfschuß oder so etwas –, das Flugzeug stürzt, und die Flächen des feindlichen Apparates klappen auseinander. Die Trümmer fallen ganz in der Nähe meines Opfers. Ich fliege an meinen Bruder heran und gratuliere ihm, d.h. wir winkten uns gegenseitig zu. Wir waren befriedigt und flogen weiter. Es ist schön, wenn man mit seinem Bruder so zusammen fliegen kann.

Die anderen waren in der Zwischenzeit auch herangekommen und hatten sich das Schauspiel, das ihnen die beiden Brüder boten, angeguckt, denn helfen kann man ja nicht, einer kann nur abschießen, und ist einer mit dem Gegner beschäftigt, so können die anderen nur zusehen, ihm den Rücken decken, damit er nicht von hinten von einem Dritten belapst wird.

Wir fliegen weiter, gehen auf größere Höhe, denn oben haben sich einige aus dem Klub der Anti-Richthofen zusammengefunden. Wir waren mal wieder gut zu erkennen, die Sonne vom Westen her beleuchtete die Apparate und ließ sie in ihrer schönen roten Farbe weithin schillern. Wir schlossen uns eng zusammen, denn jeder wußte, daß man es mit Brüdern zu tun hatte, die dasselbe Metier verfolgen wie wir selbst. Leider sind sie wieder höher, so daß wir auf ihren Angriff warten müssen. Die berühmten Dreidecker und Spads, ganz neue Maschinen, aber es kommt eben nicht auf die Kiste an, sondern auf den, der drinnen sitzt; die Brüder waren laurig und hatten keinen Mumm. Wir boten ihnen den Kampf an, sowohl bei uns wie auch drüben. Aber sie wollten ihn nicht annehmen. Wozu prahlen sie erst mit ihrem Geschwader, das angesetzt ist, um mich abzuschießen, wenn ihnen nachher doch das Herz in die Hosen fällt?

Endlich hat einer Mut gefaßt und stößt auf unseren letzten herunter. Natürlich wird der Kampf angenommen, obwohl er je für uns ungünstig ist, denn der, der drüber ist, ist im Vorteil. Aber wenn einem die Kundschaft nicht mehr gibt, muß man sie halt nehmen, wie sie kommt. Also macht alles kehrt. Der Engländer merkt es und läßt sofort ab. Nun ist aber der Anfang gemacht. Ein anderer Engländer versucht das gleiche. Er hat sich mich als Gegner ausgesucht, und ich begrüße ihn gleich mit einer Salve aus beiden Maschinengewehren. Dies schien er nicht zu schätzen. Er versuchte, sich durch einen Sturzflug mir zu entziehen. Das war sein Verderben. Denn dadurch kam er unter mich. Nun blieb ich über ihm. Was unter mir ist, womöglich noch allein und auf unserem Gebiet, kann wohl als verloren gelten, besonders, wenn es ein Einsitzer ist, also ein Jagdflieger, der nicht nach hinten raus schießen kann. Der Gegner hatte eine sehr gute Maschine und war sehr schnell. Aber es sollte ihm nicht glücken, seine Linien zu erreichen. Über Lens fing ich an, auf ihn zu schießen. Ich war noch viel zu weit. Es war aber ein Trick von mir, ich beunruhigte ihn dadurch. Er kroch auf den Leim und machte Kurven. Dies nutzte ich aus und kam etwas näher heran. Schnell versuchte ich dasselbe Manöver nochmals und zum drittenmal. Jedesmal fiel mein Freund darauf rein. So hatte ich mich sachte an ihn herangeschossen. Nun bin ich ganz nahebei. Jetzt wird sauber gezielt, noch einen Augenblick gewartet, höchstens noch fünfzig Meter von ihm entfernt, drücke ich auf beide Maschinengewehrknöpfe. Erst ein leises Rauchen, das sichere Zeichen des getroffenen Benzintanks, dann eine helle Flamme, und mein Lord verschwindet in die Tiefe.

Dieser war der Vierte an diesem Tage. Mein Bruder hatte zwei. Dazu hatten wir den alten Herrn scheinbar eingeladen. Die Freude war ganz ungeheuer.

Abends hatte ich mir noch einige Herren eingeladen, unter anderem meinen guten Wedel, der zufällig auch in der Gegend war. Das Ganze war eine geglückte, verabredete Sache. Sechs Engländer hatten die beiden Brüder also an einem Tage abgeschossen. Das ist zusammen eine ganze Fliegerabteilung. Ich glaube, wir waren den Engländern unsympathisch.

Flug in die Heimat

Fünfzig sind abgeschossen. Zweiundfünfzig fand ich besser. Deshalb schoß ich gleich am selben Tage zwei mehr ab. Es ging eigentlich gegen die Verabredung.

Eigentlich hatte man mir bloß einundvierzig zugebilligt; weshalb die Zahl einundvierzig herauskam, kann sich wohl jeder denken, aber gerade deshalb wollte ich es durchaus vermeiden. Ich bin kein Rekordarbeiter, überhaupt liegen uns in der Fliegertruppe alle Rekorde fern. Man erfüllt nur seine Pflicht. Boelcke hätte hundert abgeschossen, wäre ihm nicht das Unglück passiert. Und manch anderer der guten gefallenen Kameraden hätte eine ganz andere Zahl erreichen können, wenn ihn nicht sein plötzlicher Tod daran verhindert hätte. Aber so ein halbes Hundert macht einem eben doch auch Spaß. Nun hatte ich es schließlich auch erreicht, daß man mir fünfzig zubilligte, bevor ich meinen Urlaub antrat.

Hoffentlich kann ich noch das zweite Fünfzig feiern.

Am Abend desselben Tages klingelte es, und nichts Geringeres als das "Große Hauptquartier" wünschte mich zu sprechen. Ich kam mir ganz spaßig vor, so mit der "Großen Bude" verbunden zu sein. Ich erhielt unter anderem die erfreuliche Nachricht, daß Seine Majestät den Wunsch geäußert hätte, mich persönlich zu sprechen, und zwar war gleich der Tag angesagt: am 2. Mai. Dies ereignete sich aber schon am 30. April abends neun Uhr. Mit dem Zuge wäre es nicht mehr möglich gewesen, dem Wunsch des Allerhöchsten Kriegsherrn nachzukommen. So zog ich es vor, was ja auch viel schöner ist, die Reise auf dem Luftwege zu erledigen. Am nächsten Morgen wurde gestartet, und zwar nicht in meinem Einsitzer "Le petit rouge", sondern in einem dicken, großen Zweisitzer.

Ich setze mich hinten rein, d.h. also nicht an den "Knüppel". Arbeiten mußte in diesem Falle der Leutnant Krefft, auch einer der Herren meiner Jagdstaffel. Er wollte gerade auf Erholungsurlaub, es paßte also ausgezeichnet. So kam er auch schneller in die Heimat. Es war ihm nicht unsympathisch.

Meine Abreise ging etwas Hals über Kopf. Ich konnte in dem Flugzeug nichts weiter mitnehmen als die Zahnbürste, mußte mich also gleich so anziehen, wie ich mich im Großen Hauptquartier vorzustellen hatte. Und so im Felde hat eben der Militärsoldat nicht viel mit von schönen Kleidungsstücken, jedenfalls nicht so ein armes Frontschwein wie ich.

Die Führung der Staffel übernahm mein Bruder. Ich verabschiedete mich kurz, denn ich hoffte, bald im Kreise dieser lieben Menschen meine Tätigkeit wieder aufnehmen zu können.

Der Flug ging nun über Lüttich, Namur auf Aachen und Köln. Es war doch schön, so mal ohne kriegerische Gedanken durch das Luftmeer zu segeln. Herrliches Wetter, wie wir es schon seit langem nicht gehabt hatten. Gewiß gab es am heutigen Tage mächtig viel zu tun an der Front. Bald sind die eigenen Fesselballons nicht mehr zu sehen. Immer weiter weg von dem Donner der Schlachten von Arras. Unter uns Bilder des Friedens. Fahrende Dampfer. Dort saust ein D-Zug durchs Gelände, wir überholen ihn spielend. Der Wind ist uns günstig. Die Erde scheint uns wie eine Tenne so platt. Die schönen Maasberge sind nicht zu erkennen als Berge. Man erkennt sie nicht einmal am Schatten, denn die Sonne steht fast senkrecht. Man weiß nur, daß sie vorhanden sind, und mit etwas Phantasie kann man sich sogar in ihre kühlen Schluchten verkriechen.

Es war doch etwas spät geworden, und so kamen wir in die Mittagsstunde. Eine Wolkenschicht zieht sich unter uns zusammen und verdeckt die Erde völlig. Nach Sonne und Kompaß orientierend fliegen wir weiter. Die Nähe von Holland ist uns allmählich aber doch unsympathisch, und so ziehen wir es vor, wieder mit dem Erdboden Fühlung zu nehmen. Wir gehen unter die Wolke und befinden uns gerade über Namur. Nun geht es weiter nach Aachen. Aachen lassen wir links liegen und erreichen zur Mittagszeit Köln. Die Stimmung in unserem Flugzeug war gehoben. Vor uns ein längerer Urlaub, außerdem das schöne Wetter, die gelungene Sache, wenigstens Köln erreicht zu haben, und die Gewißheit, daß, wenn einem auch jetzt etwas passiert, man doch noch das Große Hauptquartier erreichen konnte.

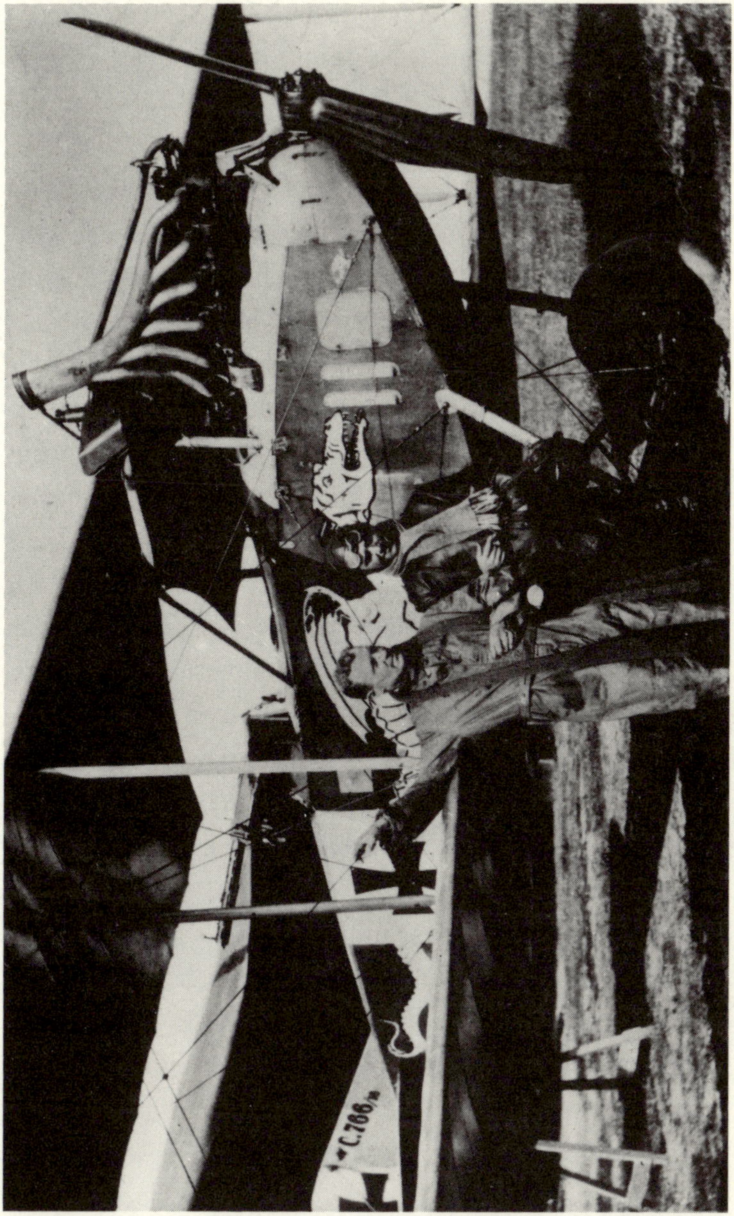

Mit Bordschützen vor abenteuerlich bemalter Maschine

Man hatte uns in Köln telegrafisch angesagt, so wurden wir dort erwartet. Am Tage vorher hatte mein zweiundfünfzigster Luftsieg in der Zeitung gestanden. So war der Empfang auch danach.

Durch den dreistündigen Flug hatte ich doch etwas Schädelbrummen, und so zog ich es vor, erst einen kleinen Mittagsschlummer einzulegen, bevor ich im Großen Hauptquartier eintraf. Wir flogen nun von Köln ein ganzes Stückchen den Rhein entlang. Ich kannte die Strecke. Ich bin sie oft gefahren, auf dem Dampfer, mit dem Auto und der Eisenbahn, und nun im Flugzeug. Was war das Schönste? Es ist schwer zu sagen. Gewisse Einzelheiten sieht man ja natürlich vom Dampfer aus besser. Aber der Gesamtblick aus dem Flugzeug ist auch nicht zu verachten. Der Rhein hat eben einen besonderen Reiz, so auch von oben. Wir flogen nicht zu hoch, um nicht das Gefühl der Berge völlig zu verlieren, denn das ist doch wohl das Schönste am Rhein, die riesigen, bewaldeten Höhen, die Burgen usw. Die einzelnen Häuser konnten wir natürlich nicht sehen. Schade, daß man nicht langsam und schnell fliegen kann. Ich hätte gewiß den langsamsten Gang eingestellt.

Nur zu schnell verschwand ein schönes Bild nach dem anderen. Man hat, wenn man höher fliegt, ja nicht das Gefühl, daß es sehr schnell vorwärts geht. In einem Auto oder einem D-Zug zum Beispiel kommt einem die Geschwindigkeit ganz ungeheuer vor, dagegen im Flugzeug eigentlich immer langsam, wenn man eine gewisse Höhe erreicht hat. Man merkt es eigentlich erst daran, wenn man mal fünf Minuten nicht rausgeguckt hat und dann mit einem Male die Orientierung aufnimmt. Da ist das Bild, das man noch kurz vorher im Kopfe hatte, mit einem Male völlig verändert. Was man unter sich sah, sieht man auf einmal in einem Winkel, gar nicht zum Wiedererkennen. Deshalb kann man sich so schnell verorientieren, wenn man mal für einen Augenblick nicht aufpaßt. So kamen wir am Nachmittag im Großen Hauptquartier an, herzlich empfangen von einigen mir bekannten Kameraden, die dort in der "Großen Bude" zu arbeiten haben. Sie tun mir ordentlich leid, die Tintenspione. Sie haben ja nur den halben Spaß vom Kriege. Zunächst meldete ich mich bei dem Kommandierenden General der Luftstreitkräfte. Am nächsten Vormittag ereignete sich nun der große Moment, wo ich Hindenburg und Ludendorff vorgestellt werden sollte. Ich mußte eine ganze Weile warten. Wie die Begrüßung im einzelen war, kann ich eigentlich schlecht schreiben. Erst meldete ich mich bei Hindenburg, dann bei Ludendorff.

Es ist ein unheimliches Gefühl in dem Raum, wo das Geschick der Erde entschieden wird. So war ich ganz froh, wie ich die "Große Bude" wieder hinter mir hatte und mittags bei Seiner Majestät zum Frühstück befohlen war. Es war ja heute mein Geburtstag, und irgendeiner hatte es wohl Seiner Majestät verraten, und so gratulierte er mir. Einmal zu meinem Erfolg, dann zum fünfundzwanzigsten Lebensjahr. Auch ein kleines Geburtstagsgeschenk überraschte mich.

Früher hätte ich es mir wohl nie träumen lassen, daß ich am fünfundzwanzigsten Geburtstag rechts von Hindenburg sitzen und in einer Rede vom Generalfeldmarschall erwähnt werden würde.

*

Tags darauf war ich zu Mittag bei Ihrer Majestät eingeladen und fuhr zu diesem Zweck nach Homburg. Dort war ich zum Frühstück bei Ihrer Majestät, wurde gleichfalls mit einem Geburtstagsgeschenk bedacht, und ich hatte noch die große Freude, Ihrer Majestät einen Start vorzuführen. Abends war ich nochmals bei dem Generalfeldmarschall von Hindenburg eingeladen.

Den Tag darauf flog ich nach Freiburg, um dort einen Auerhahn zu schießen. Von Freiburg aus benutzte ich ein Flugzeug, das nach Berlin flog. In Nürnberg wurde Benzin aufgefüllt. Da zog ein Gewitter auf. Ich hatte es aber dringend eilig, in Berlin anzukommen. Allerhand mehr oder weniger interessante Dinge warteten dort meiner. So flog ich trotz des Gewitters weiter. Mir machten die Wolken und das Schweinewetter Spaß. Es goß mit Kannen. Ab und zu etwas Hagel. Der Propeller sah nachher ganz toll aus, durch die Hagelkörner zerschlagen, wie eine Säge. Leider machte mir das Wetter so viel Spaß, daß ich darüber gänzlich vergaß, aufzupassen, wo ich mich befand. Als ich wieder die Orientierung aufnehmen will, habe ich keinen Dunst mehr, wo ich bin. Schöne Bescherung! In der Heimat "verfranzt"! Das mußte natürlich gerade mir passieren. Wie würden die zu Hause sich amüsieren, wenn sie das wüßten! Aber es war an der Tatsache nichts zu ändern. Ich wußte nicht mehr, wo ich war. Ich war durch den starken Wind und das niedrige Fliegen sehr abgetrieben worden und von meiner Karte heruntergekommen und mußte nun nach Sonne und Kompaß notdürftig die Richtung nach Berlin einhalten. Städte, Dörfer, Flüsse, Wälder jagen unter mir dahin. Ich erkenne nichts wieder. Ich vergleiche die Natur mit meiner Karte, aber vergeblich. Es ist alles anders. Ich bin eben tatsächlich nicht mehr im Bilde. Es ist mir nicht möglich, die Gegend wiederzuerkennen. Wie sich später herausstellte, war es allerdings auch ausgeschlossen, denn ich flog etwa hundert Kilometer neben meinem Kartenrand.

Nach etwa zweistündigem Fluge entschlossen sich mein Führer und ich zu einer Notlandung. Dies ist immer was Unangenehmes, so ohne Flughafen. Man weiß nicht, wie die Erdoberfläche ist. Kommt ein Rad in ein Loch, ist die Kiste futsch. Erst versuchten wir noch, auf einem Bahnhof die Aufschrift der Station zu erkennen, aber Kuchen, natürlich war sie so klein aufgepinselt, daß man auch nicht einen Buchstaben erkennen konnte. Also müssen wir landen. Nur schweren Herzens, aber es bleibt uns nichts anderes übrig. Wir suchen uns eine Wiese, die von oben ganz schön aussieht, und versuchten unser Heil. Leider sah die Wiese bei näherer Betrachtung nicht so schön aus. Dies konnte ich auch an einem etwas verbogenen Fahrgestell feststellen. So hatten wir uns denn völlig mit Ruhm bekleckert. Erst "verfranzt" und dann die Kiste zerschmissen! Wir mußten nun also mit einem ganz ordinären Fortbewegungsmittel, dem D-Zug, unsere weitere Reise nach der Heimat antreten. Langsam, aber sicher erreichten wir Berlin. Wir waren in der Nähe von Leipzig notgelandet. Hätten wir nicht die Dummheit gemacht, so wären wir gewiß noch nach Berlin gekommen, aber wie man's macht, macht man's falsch.

Einige Tage später traf ich in meiner Heimatstadt Schweidnitz ein. Obwohl es sieben Uhr morgens war, hatte sich doch eine ganze Menge Menschen auf dem Bahnhof angefunden. Die Begrüßung war herzlich. Am Nachmittag wurden mir verschiedene Ehrungen zuteil, darunter auch durch Jugendwehr.

Im großen und ganzen wurde mir klar, daß die Heimat sich für ihre Kämpfer im Felde doch lebhaft interessiert.

*

6. 5. 1917

Ich las in der "Vossischen Zeitung":

"Die Engländer haben ein Flugzeuggeschwader von freiwilligen Fliegern zusammengesetzt, das ausschließlich auf die Vernichtung des erfolgreichsten deutschen Kampffliegers Rittmeister Freiherr von Richthofen, der bereits 52 feindliche Flieger abschoß, ausgehen soll. Der Flieger, dem der Abschuß oder die Gefangennahme von Richthofen gelingt, erhält das Victoria-Kreuz, Beförderung, ein eigenes Flugzeug als Geschenk, 5.000 Pfund Sterling und einen besonderen Preis von der Flugzeugfabrik, deren Flugzeug der Flieger benutzt. Bei dem englischen Geschwader soll ein Kinooperateur mitfliegen, der den ganzen Vorgang zwecks späterer Verwertung im britischen Heeresfilm kinematographisch aufnehmen soll."

Das ist sehr viel Ehre für mich, aber ich muß ehrlich sagen, ich bin in eine ganz große Verlegenheit geraten. Also nehmen wir einmal an, die Sache spielt sich folgendermaßen ab: Setzen wir den Fall, es ist Sonntag. Ich liege im Bett und döse. Mein Bursche stürzt herein und ruft: "Herr Rittmeister, das englische Anti-Richthofen-Geschwader gibt sich die Ehre!" Da bleibt mir nichts anderes übrig, als aus dem Bett zu springen, rin in die Kiste und rauf in die Luft. Ich bin also nun da oben, und die Sache geht los ... Ich will nicht übertreiben, aber ich habe doch das dunklie Gefühl, als ob die Herren Engländer die Angelegenheit mit mir nicht ganz so programmäßig erledigen können, wie sie sich das so vorgestellt haben. Denn beispielsweise, was geschieht, wenn ich mir nun einen heraussuche und abschieße, und ich habe Pech und schieße gerade den Kinooperateur ab! Was dann? Dann wird der ganze britische Heeresfilm gestört, dann geraten die Herren drüben in ernsteste Verlegenheit, und dann werden sie mir schwere Vorwürfe machen.

Wie verhält sich der gentleman, that is the question,

wenn eine Anzahl von anderen gentlemen aufsteigt, um ihn abzuschießen, und wenn er beim Abschuß gefilmt werden soll? Ich glaube, er verhält sich so, daß er zuerst den Kinooperateur abschießt.

Wie ist es aber nun, wenn es umgekehrt kommt? Wie ist es nun, wenn ich das englische Geschwader abschieße? Bekomme ich dann auch das Victoria-Kreuz, Beförderung, ein eigenes Flugzeug als Geschenk, 5.000 Pfund Sterling und einen besonderen Preis von der Flugzeugfabrik, deren Flugzeug ich benutze?

Ich will mich aber bescheiden. Ich will nur den Kinooperateur haben, der mich filmen soll, wenn ich abgeschossen werde. Den möchte ich allerdings liebend gern besitzen!

Mein Bruder

Ich war noch nicht acht Tage auf Urlaub, da kriegte ich die telegrafische Nachricht: "Lothar verwundet, nicht lebensgefährlich." Mehr nicht. Nähere Erkundigungen ergaben, daß er wieder mal recht leichtsinnig gewesen war. Er flog mit Allmenröder zusammen gegen den Feind. Da sah er tief unten, ziemlich weit drüben, einen allein herumkrebsenden Englishman. Das sind so die feindlichen Infanterieflieger, die unseren Truppen besonders lästig fallen. Jedenfalls beunruhigen sie sehr. Ob sie wirklich etwas erreichen mit ihrem tiefen Rumkrebsen, ist sehr die Frage. Mein Bruder war etwa zweitausend Meter hoch, der Engländer tausend. Er pirscht sich ran, setzt zum Sturzflug an und ist in wenigen Sekunden bei ihm. Der Engländer zog es vor, den Kampf zu vermeiden, und verschwand gleichfalls im Sturzflug in der Tiefe. Mein Bruder, nicht faul, hinterher. Ganz schnuppe, ob es drüben oder bei uns ist. Nur ein Gedanke: er muß runter. Das ist ja natürlich auch das Richtige. Ab und zu mache ich's auch. Aber wenn es mein Bruder bei jedem Fluge nicht mindestens einmal gemacht hat, macht ihm das ganze Unternehmen keinen Spaß. Erst ganz kurz über dem Boden kriegt er ihn wirklich gut vor und kann ihm den Laden vollschießen. Der Engländer stürzt senkrecht in die Erde. Viel bleibt nicht mehr übrig.

Nach so einem Kampfe, besonders in geringer Höhe, in dem man sich so oft gedreht und gewendet hat, mal rechtsrum und mal linksrum geflogen ist, hat der normale Sterbliche keine Ahnung mehr, wo er sich befindet. Nun war es an diesem Tage noch etwas dunstig, also ein besonders ungünstiges Wetter. Schnell hatte er sich orientiert und merkte erst jetzt, daß er doch wohl ein ganzes Ende hinter der Front ist. Er war hinter der Vimy-Höhe. Die Vimy-Höhen sind etwa hundert Meter höher als die andere Gegend. Mein Bruder war hinter diesen Vimy-Höhen verschwunden – behaupten jedenfalls die Beobachter von der Erde aus.

Dieses Nachhausefliegen, bis man seine eigene Stellung erreicht hat, gehört nicht zu den angenehmsten Gefühlen, die man sich denken kann. Man kann nichts dagegen tun, daß einen der Gegner beschießt. Nur selten treffen sie. Mein Bruder näherte sich der Linie. In so geringer Höhe kann man jeden Schuß hören, es hört sich an, wie wenn Kastanien im Feuer platzen, wenn der einzelne Infanterist schießt. Da – mit einem Male fühlte er einen Schlag: getroffen. Das war ihm klar. Er zählt zu den Menschen, die nicht ihr eigenes Blut sehen können. Bei einem anderen macht es ihm keinen Eindruck; wenigstens weniger. Aber sein eigenes Blut stört ihn. Er fühlt, wie es ihm warm am rechten Bein herunterläuft, zur gleichen Zeit auch einen Schmerz in der Hüfte. Unten wird noch immer geknallt. Also ist er noch drüben. Da endlich hört es so sachte auf, und er ist über unsere Front hinüber. Nun muß er sich aber beeilen, denn seine Kräfte lassen zusehends nach. Da sieht er einen Wald, daneben eine Wiese. Also auf die Wiese zu. Die Zündung schnell herausgenommen, der Motor bleibt stehen, und in demselben Augenblick ist es alle mit seinen Kräften, die Besinnung hat ihn verlassen. Er sitzt ja nun ganz allein in seinem Flugzeug, also ein zweiter konnte ihm nicht helfen. Wie er auf die Erde hinuntergekommen ist, ist eigentlich ein Wunder. Denn von allein startet und landet kein Flugzeug. Man behauptet dies nur von einer alten Taube in Köln, die von einem Monteur zum Start zurechtgemacht ist und gerade in dem Augenblick, wenn der Pilot sich hineinsetzen will, von allein losfliegt, von allein eine Kurve macht und nach fünf Minuten wieder landet. Das wollen viele Männer gesehen haben. Ich habe es nicht gesehen – aber ich bin doch fest davon überzeugt, daß es wahr ist. Mein Bruder jedenfalls hatte nicht so eine Taube, die von allein landet, aber trotzdem hatte er sich bei dem Berühren mit dem Erdboden nichts getan. Erst im Lazarett fand er die Besinnung wieder. Er wurde nach Douai transportiert.

Es ist für einen Bruder ein ganz eigenartiges Gefühl, wenn man den anderen in einen Kampf mit einem Engländer verwickelt sieht. So sah ich zum Beispiel einmal, wie Lothar hinter dem Geschwader etwas herhängt und von einem Engländer attackiert wird. Es wäre für ihn ein leichtes gewesen, den Kampf zu verweigern. Er braucht bloß in der Tiefe zu verschwinden. Aber nein, das tut er nicht! Der Gedanke kommt ihm scheinbar gar nicht. Ausreißen kennt er nicht. Zum Glück hatte ich dies beobachtet und paßte auf. Da sah ich, wie der Engländer, der über ihm war, immer auf ihn runterstößt und schießt. Mein Bruder versucht, seine Höhe zu erreichen, unbekümmert, ob er beschossen wird oder nicht. Da – mit einem Male überschlägt sich das Flugzeug, und die rot angestrichene Maschine stürzt senkrecht, sich um sich selbst drehend, herunter. Keine gewollte Bewegung, sondern ein regelrechter Absturz. Dieses ist für den zusehenden Bruder nicht das schönste aller Gefühle. Aber ich habe mich so sachte daran gewöhnen müssen, denn mein Bruder benutzte es als Trick. Als er erkannt hatte, daß der Engländer ihm über war, markierte er ein Angeschossensein. Der Engländer hinterher, mein Bruder fängt sich und hat ihn im Umsehen überstiegen. Das feindliche Flugzeug konnte sich nicht so schnell wieder aufrichten und zur Besinnung kommen, da saß ihm mein Bruder im Nacken, und einige Augenblicke später schlugen die Flammen heraus. Dann ist nichts mehr zu retten, dann stürzt das Flugzeug brennend ab.

Ich habe mal auf der Erde neben einem Benzintank gestanden, wo hundert Liter auf einmal explodierten und verbrannten. Ich konnte nicht zehn Schritt daneben stehen, so heiß wurde mir. Und nun muß man sich vorstellen, daß auf wenige Zentimeter vor einem so ein Tank von vielen fünfzig Litern explodiert und der Propellerwind die ganze Glut einem ins Gesicht treibt. Ich glaube, man ist im ersten Moment schon besinnungslos, und es geht jedenfalls am schnellsten.

Aber es passieren doch ab und zu Zeichen und Wunder. So sah ich z. B. einmal ein englisches Flugzeug brennend abstürzen. Die Flammen schlugen erst in fünfhundert Meter Höhe heraus. Die Maschine stand in hellen Flammen. Wie wir nach Hause fliegen, erfahren wir, daß der eine der Insassen aus fünfzig Meter Höhe herausgesprungen ist. Es war der Beobachter. Fünfzig Meter Höhe! Man muß sich mal die Höhe überlegen. Ein durchschnittlicher Kirchturm ist nicht viel höher. Man springe mal von der Spitze eines solchen Turmes hinunter! Wie man wohl unten ankommen mag! Die meisten brächen sich's Genick, wenn sie aus dem Hochparterre heraussprängen. Jedenfalls, dieser brave "Franz" sprang aus seinem brennenden Flugzeug, das bereits mindestens eine Minute gebrannt hatte, aus fünfzig Meter Höhe hinaus und erlitt weiter nichts als einen glatten Unterschenkelbruch. Er hat sogar, gleich nachdem ihm all dies passiert ist, noch Aussagen gemacht, also sein seelischer Zustand hatte nicht einmal gelitten.

Ein andermal schoß ich einen Engländer ab. Der Flugzeugführer hatte einen tödlichen Kopfschuß, das Flugzeug stürzte steuerlos, senkrecht, ohne sich zu fangen, aus dreitausend Meter Höhe in die Erde. Eine ganze Weile später erst kam ich im Gleitflug hinterher und sah unten weiter nichts als einen wüsten Haufen. Zu meinem Erstaunen erfuhr ich, der Beobachter habe nur einen Schädelbruch, und sein Zustand sei nicht lebensgefährlich. Glück muß eben der Mensch haben.

Wieder einmal schoß Boelcke einen Nieuport ab. Ich sah es selbst. Das Flugzeug stürzte wie ein Stein. Wir fuhren hin und fanden das Flugzeug bis zur Hälfte im Lehm vergraben. Der Insasse, ein Jagdflieger, war durch einen Bauchschuß besinnungslos und hatte sich beim Aufschlagen nur einen Arm ausgekugelt. Er ist nicht gestorben.

Andererseits habe ich es wieder erlebt, daß ein guter Freund von mir bei einer Landung mit einem Rade in ein Karnickelloch kam. Die Maschine hatte überhaupt keine Geschwindigkeit mehr und stellte sich ganz langsam auf den Kopf, überlegte sich, nach welcher Seite sie umkippen sollte, fiel auf den Rücken – und der arme Kerl hatte das Genick gebrochen.

*

Mein Bruder Lothar ist Leutnant bei den Vierten Dragonern, war vor dem Kriege auf Kriegsschule, wurde gleich zu Anfang Offizier und hat, gleichwie ich, den Krieg als Kavallerist begonnen. Was er da alles an Heldentaten begangen hat, ist mir unbekannt, da er nie von sich selbst spricht. Man hat mir nur folgende Geschichte erzählt: Es war im Winter 1914, sein Regiment lag an der Warthe, die Russen auf der anderen Seite. Kein Mensch wußte, rücken sie oder bleiben sie. Die Ufer waren zum Teil gefroren, so daß man schlecht durchreiten konnte. Brücken gab's natürlich nicht, die hatten die Russen abgerissen. Da schwamm mein Bruder durch, stellte fest, wo die Russen waren, und kam zurückgeschwommen. Dieses alles im strengen russischen Winter bei soundso viel Grad minus. Seine Kleider waren nach wenigen Minuten festgefroren, und darunter, behauptete er, sei es ganz warm gewesen. So ritt er den ganzen Tag, bis er abends in sein Quartier kam. Dabei hat er sich nicht erkältet.

Im Winter 1915 ging er auf mein Drängen hin zur Fliegerei, wurde, gleichwie ich, Beobachter. Erst ein Jahr später Flugzeugführer. Die Schule als Beobachter ist gewiß nicht schlecht, gerade für einen Jagdflieger. März 1917 machte er sein drittes Examen und kam sofort zu meiner Jagdstaffel.

Er war also noch ein ganz, ganz junger und ahnungsloser Flugzeugführer, der noch an kein Looping und ähnliche Scherze dachte, sondern zufrieden war, wenn er ordentlich landen und starten konnte. Nach vierzehn Tagen nahm ich ihn zum ersten Male mit gegen den Feind und bat ihn, dicht hinter mir zu fliegen, um sich die Sache mal genau anzusehen. Nach dem dritten Fluge mit ihm sehe ich mit einem Male, wie er sich von mir trennt und sich gleichfalls auf einen Engländer stürzt und ihn erlegt. Mein Herz hüpfte vor Freude, als ich dies sah. Es war mir wieder mal ein Beweis, wie wenig das Abschießen eine Kunst ist. Es ist nur die Persönlichkeit oder, anders ausgedrückt, der Schneid des Betreffenden, der die Sache macht. Ich bin also kein Pégoud, will es auch nicht sein, sondern nur Soldat, und tue meine Pflicht. Vier Wochen später hatte mein Bruder bereits zwanzig Engländer abgeschossen. Dies dürfte wohl einzig dastehen in der ganzen Fliegerei, daß ein Flugzeugführer vierzehn Tage nach seinem dritten Examen den ersten und vier Wochen nach dem ersten zwanzig Gegner abgeschossen hat.

Sein zweiundzwanzigster Gegner war der berühmte Captain Ball, weitaus der beste englische Flieger. Den seinerzeit ebenso bekannten Major Hawker hatte ich mir vor einigen Monaten bereits zur Brust genommen. Es machte mir besondere Freude, daß es nun mein Bruder war, der den zweiten Champion Englands erledigte. Captain Ball flog einen Dreidecker und begegnete meinem Bruder einzeln an der Front. Jeder versuchte den anderen zu fassen. Keiner gab sich eine Blöße. Es blieb bei einem kurzen Begegnen. Immer nur auf sich zufliegend. Nie glückte es dem einen, sich hinter den anderen zu setzen. Da entschlossen sich plötzlich beide, in dem kurzen Augenblick des Aufeinanderzufliegens einige wohlgezielte Schüsse abzugeben. Beide fliegen aufeinander zu. Beide schießen. Jeder hat vor sich einen Motor. Die Treffwahrscheinlichkeiten sind sehr gering. Die Geschwindigkeit doppelt so groß wie normal. Eigentlich unwahrscheinlich, daß einer von beiden trifft. Mein Bruder, der etwas tiefer war, hatte dabei seine Maschine stark überzogen und überschlug sich, verlor das Gleichgewicht, und seine Maschine wurde für einige Momente steuerlos. Bald hatte er sie wieder gefangen, mußte aber feststellen, daß ihm der Gegner beide Benzintanks zerschossen hatte. Also landen! Schnell die Zündung raus, sonst brennt die Kiste. Der nächste Gedanke aber war: Wo bleibt mein Gegner? Im Augenblick des Überschlagens hatte er gesehen, wie sich der Gegner gleichfalls aufbäumte und überschlagen hatte. Er konnte also nicht allzu weit von ihm entfernt sein. Der Gedanke herrscht: Ist er über mir oder unter mir? Drüber war er nicht mehr, dafür aber sah er unter sich den Dreidecker sich dauernd überschlagen und noch immer tiefer stürzen. Er stürzte und stürzte, ohne sich zu fangen, bis auf den Boden. Dort zerschellte er. Es war auf unserem Gebiet. Beide Gegner hatten sich in dem kurzen Augenblick des Begegnens mit ihren starren Maschinengewehren getroffen. Meinem Bruder waren die beiden Benzintanks zerschossen, und im selben Augenblick hatte der Captain Ball einen Kopfschuß bekommen. Er trug bei sich einige Fotografien und Zeitungsausschnitte seiner Heimatprovinzen, in denen er sehr angefeiert wurde. Er schien kurze Zeit zuvor noch auf Urlaub gewesen zu sein. Zu Boelckes Zeiten hatte Captain Ball sechsunddreißig deutsche Apparate vernichtet. Auch er hat einen Meister gefunden. Oder war es Zufall, daß eine Größe wie er gleichfalls den normalen Heldentod sterben mußte?

Captain Ball war ganz gewiß der Führer des Anti-Richthofen-Geschwaders, und ich glaube, der Englishman wird es nun lieber aufstecken, mich zu fangen. Das täte uns leid, denn dadurch würde uns manche schöne Gelegenheit genommen, bei der wir die Engländer gut belapsen könnten.

Wäre mein Bruder nicht am 5. Mai verwundet worden, ich glaube, er wäre nach meiner Rückkehr vom Urlaub gleichfalls mit Zweiundfünfzig auf Urlaub geschickt worden.

Lothar ein "Schießer" und nicht ein Weidmann

Mein Vater macht einen Unterschied zwischen einem Jäger (Weidmann) und einem Schießer, dem es nur Spaß macht, zu schießen. Wenn ich einen Engländer abgeschossen habe, so ist meine Jagdpassion für die nächste Viertelstunde beruhigt. Ich bringe es also nicht fertig, zwei Engländer unmittelbar hintereinander abzuschießen. Fällt der eine hinunter, so habe ich das unbedingte Gefühl der Befriedigung. Erst sehr, sehr viel später habe ich mich dazu überwunden und mich zum Schießer ausgebildet.

Bei meinem Bruder war es anders. Wie er seinen vierten und fünften Gegner abschoß, hatte ich Gelegenheit, ihn zu beobachten. Wir griffen ein Geschwader an. Ich war der erste. Mein Gegner war bald erledigt. Ich gucke mich um und sehe, wie mein Bruder hinter einem Engländer sitzt, aus dem gerade die Flamme herausschlägt und dessen Maschine explodiert. Neben diesem Engländer fliegt ein zweiter. Er machte weiter nichts, als daß er von dem ersten, der noch gar nicht mal runtergefallen war und sich noch in der Luft befand, sein Maschinengewehr auf den nächsten richtete und sofort weiterschoß, kaum daß er absetzte. Auch dieser fiel nach kürzerem Kampf.

Zu Hause fragte er mich stolz: "Wieviel hast du abgeschossen?" Ich sagte ganz bescheiden: "Einen." Er dreht mir den Rücken zu und sagt: "Ich habe zwei", worauf ich ihn zur Nachsuche nach vorn schickte. Er mußte feststellen, wie seine Kerle hießen usw. Am späten Nachmittag kommt er zurück und hat nur einen gefunden.

Die Nachsuche war also schlecht, wie überhaupt bei solchen Schießern. Erst am Tage darauf meldete die Truppe, wo der andere lag. Daß er runtergefallen war, hatten wir ja alle gesehen.

Der Auerochs

Der Fürst Pleß hatte mir gelegentlich eines Besuches im Hauptquartier erlaubt, bei ihm auf seiner Jagd einen Wisent abzuschießen. Der Wisent ist das, was im Volksmund mit Auerochse bezeichnet wird. Auerochsen sind ausgestorben. Der Wisent ist auf dem besten Wege, das gleiche zu tun. Auf der ganzen Erde gibt es nur noch zwei Stellen, das ist in Pleß und beim Revier des ehemaligen Zaren im Bialowiczer Forst. Der Bialowiczer Forst hat natürlich durch den Krieg kolossal gelitten. So manchen braven Wisent, den sonst nur hohe Fürstlichkeiten und der Zar abgeschossen hätten, hat sich ein Musketier zu Gemüte geführt.

Mir war also durch die Güte Seiner Durchlaucht der Abschuß eines so seltenen Tieres erlaubt worden. In etwa einem Menschenalter gibt es diese Tiere nicht mehr, da sind sie ausgerottet.

Ich kam am Nachmittag des 26. Mai in Pleß an und mußte gleich vom Bahnhof losfahren, um den Stier noch am selben Abend zu erlegen. Wir fuhren die berühmte Straße durch den Riesenwildpark des Fürsten entlang, auf der wohl manche gekrönte Häupter vor mir entlanggefahren sind. Nach etwa einer Stunde stiegen wir aus und hatten nun noch eine halbe Stunde zu laufen, um auf meinen Stand zu kommen, während die Treiber bereits aufgestellt waren, um auf das gegebene Zeichen mit dem Drücken zu beginnen. Ich stand auf der Kanzel, auf der, wie mir der Oberwildmeister berichtete, bereits mehrmals Majestät gestanden hat, um so manchen Wisent von da aus zur Strecke zu bringen. Wir warteten eine ganze Zeit. Da plötzlich sah ich im hohen Stangenholz ein riesiges schwarzes Ungetüm sich heranwälzen, genau auf mich zu. Ich sah es noch eher als der Förster, machte mich schußfertig und muß sagen, daß ich doch etwas Jagdfieber kriegte. Es war ein mächtiger Stier. Auf zweihundertfünfzig Schritt verhoffte er noch einen Augenblick. Es war mir zu weit, um zu schießen. Getroffen hätte man ja vielleicht das Ungetüm, weil man eben an so einem Riesending überhaupt nicht vorbeischießen kann. Aber die Nachsuche wäre doch eine unangenehme Sache gewesen. Außerdem die Blamage, vorbeizuschießen. Also warte ich lieber, daß er mir näher kommt. Er mochte wohl wieder die Treiber gespürt haben, denn mit einem Male machte er eine ganz kurze Wendung und kam in windender Fahrt, die man so einem Tiere nie zugetraut hätte, heran, genau spitz auf mich zu. Schlecht zum Schießen. Da verschwand er hinter einer Gruppe von dichten Fichten. Ich hörte ihn noch schnaufen und stampfen. Sehen konnte ich ihn nicht mehr. Ob er Wind von mir bekommen hatte oder nicht, weiß ich nicht. Jedenfalls war er weg. Noch einmal sah ich ihn auf eine große Entfernung, dann war er verschwunden.

War es der ungewohnte Anblick eines solchen Tieres oder wer weiß was – jedenfalls hatte ich in dem Augenblick, wo der Stier herankam, dasselbe Gefühl, dasselbe Jagdfieber, das mich ergreift, wenn ich im Flugzeug sitze, einen Engländer sehe und ihn noch etwa fünf Minuten lang anfliegen muß, um an ihn heranzukommen. Nur mit dem einen Unterschied, daß sich der Engländer wehrt.

Hätte ich nicht auf einer so hohen Kanzel gestanden, wer weiß, ob da nicht noch andere moralische Gefühle mitgespielt hätten!

Es dauerte nicht lange, da kommt der zweite. Auch ein mächtiger Kerl. Er macht es mir sehr viel leichter. Auf etwa hundert Schritt verhofft er und zeigt mir sein ganzes Blatt. Der erste Schuß traf, er zeichnet. Ich hatte ihm einen guten Blattschuß verpaßt. Hindenburg hatte mir einen Monat vorher gesagt: "Nehmen Sie sich recht viel Patronen mit. Ich habe auf meinen ein halbes Dutzend verbraucht, denn so ein Kerl stirbt ja nicht. Das Herz sitzt ihm so tief, daß man meistenteils vorbeischießt." Und es stimmte. Das Herz, obwohl ich ja genau wußte, wo es saß, hatte ich nicht getroffen. Ich repetierte. Der zweite Schuß, der dritte, da bleibt er stehen, schwerkrank. Vielleicht auf fünfzig Schritt vor mir. Fünf Minuten später war das Ungetüm verendet. Die Jagd wurde abgebrochen und "Hirsch tot" geblasen. Alle drei Kugeln saßen ihm dicht überm Herzen, sehr gut Blatt.

Wir fuhren nun an dem schönen Jagdhaus des Fürsten vorbei und noch eine Weile durch den Wildpark, in dem alljährlich zu der Brunstzeit die Gäste des Fürsten ihren Rothirsch usw. erlegen. Wir hielten noch und sahen uns das Innere des Hauses im Promnitz an. Auf einer Halbinsel gelegen, mit wunderschönem Blick, auf fünf Kilometer Entfernung kein menschliches Wesen. Man hat nicht mehr das Gefühl, in einem Wildpark zu sein, wie man sich wohl im allgemeinen vorstellt, wenn man von der Fürstlich Pleßschen Jagd spricht. Vierhunderttausend Morgen Gatter sind eben kein Wildpark mehr. Da gibt es kapitale Hirsche, die nie ein Mensch gesehen hat, die kein Förster kennt und die gelegentlich in der Brunstzeit erlegt werden. Man kann wochenlang laufen, um ein Wisenttier zu Gesicht zu bekommen. In manchen Jahreszeiten ist es ausgeschlossen, sie überhaupt zu sehen. Dann sind sie so heimlich, daß sie sich in den Riesenwäldern und unendlichen Dickichten vollständig verkriechen. Wir sahen noch manchen Hirsch in Bast und manchen guten Bock.

Nach etwa zwei Stunden kamen wir kurz vor Dunkelheit wieder in Pleß an.

Infanterie-, Artillerie- und Aufklärungsflieger

Wäre ich nicht Jagdflieger geworden, ich glaube, ich hätte mir das Infanteriefliegen ausgesucht. Es ist einem doch eine große Befriedigung, wenn man unserer am schwersten kämpfenden Truppe direkte Hilfe leisten kann. Der Infanterieflieger ist in der Lage, dies zu tun. Er hat damit eine dankbare Aufgabe. Ich habe in der Arras-Schlacht so manchen dieser tüchtigen Leute beobachten können, wie sie bei jedem Wetter und zu jeder Tageszeit in niedriger Höhe über den Feind flogen und die Verbindung mit unserer schwer kämpfenden Truppe suchten. Ich verstehe es, wie man sich dafür begeistern kann, ich glaube, so manch einer hat Hurra gebrüllt, wenn er die feindlichen

Waffen hat nach einem Angriff zurückfluten sehen und unsere schneidige Infanterie aus den Gräben hervorkam und den zurückflutenden Gegner Auge in Auge bekämpfte. So manches Mal habe ich den Rest meiner Patronen nach einem Jagdflug auf die feindlichen Schützengräben verschossen. Wenn es auch wenig hilft, so macht es doch moralischen Eindruck.

Artillerieflieger bin ich auch selbst gewesen. Es war zu meiner Zeit etwas Neues, mit Funkentelegrafie das Schießen der eigenen Artillerie zu leiten. Aber dazu gehört eine ganz besondere Begabung. Ich konnte mich auf die Dauer nicht dazu eignen. Der Kampf ist mir lieber. Zum Artilleriefliegen muß man wohl selbst zur Waffe gehören, um das nötige Verständnis mitzubringen.

Aufklärungsfliegen habe ich auch getrieben, und zwar in Rußland im Bewegungskriege. Da war ich noch einmal Kavallerist, d.h. ich kam mir so vor, wenn ich mit meinem stählernen Pegasus loszog. Jene Tage mit Holck über den Russen sind mit meine schönste Erinnerung. Aber das Bild der Bewegung kommt scheinbar nicht wieder.

Im Westen sieht der Aufklärungsflieger etwas ganz anderes, als das Auge des Kavalleristen gewohnt ist. Die Dörfer und Städte, die Eisenbahnen und Straßen sehen so tot und still aus, und trotzdem ist auf ihnen ein ungeheurer Verkehr, der aber dem Flieger mit großer Geschicklichkeit verborgen wird. Nur ein ganz, ganz geübtes Auge vermag aus den rasenden Höhen etwas Bestimmtes zu beobachten. Ich habe gute Augen, aber es erscheint mir zweifelhaft, ob es überhaupt einen gibt, der etwas Genaues aus fünftausend Meter Höhe auf einer Chaussee erkennen kann. Man ist also auf etwas anderes angewiesen, was das Auge ersetzt, das ist der fotografische Apparat. Man fotografiert also all das, was man für wichtig hält und was man fotografieren soll. Kommt man nach Hause und die Platten sind verunglückt, so ist der ganze Flug umsonst gewesen.

Dem Aufklärungsflieger begegnet es oft, daß er in einen Kampf verwickelt wird, aber er hat Wichtigeres zu tun, als sich mit dem Kampf zu beschäftigen. Oft ist eine Platte wichtiger als das Abschießen eines ganzen Apparates, deshalb ist er in den meisten Fällen gar nicht dazu berufen, luftzukämpfen.

Es ist eine schwere Aufgabe heutzutage, im Westen eine gute Aufklärung durchzuführen.

Unsere Flugzeuge

Wie wohl jedem klar ist, haben sich im Laufe des Krieges unsere Flugzeuge etwas verändert. Der größte Unterschied ist zwischen einem Riesenflugzeug und einem Jagdflugzeug.

Das Jagdflugzeug ist klein, schnell, wendig, trägt aber nichts. Nur die Patronen und die Maschinengewehre.

Das Riesenflugzeug – man muß sich bloß das erbeutete englische Riesenflugzeug ansehen, das auf unserer Seite glatt gelandet ist – ist ein Koloß, nur dazu bestimmt, durch große Flächen möglichst viel zu tragen. Es schleppt unheimlich viel; dreitausend bis fünftausend Kilogramm sind gar nichts dafür. Die Benzintanks sind die reinen Eisenbahntankwagen. Man hat nicht mehr das Gefühl des Fliegens in so einem großen Ding, sondern man "fährt". Das Fliegen wird nicht mehr durch das Gefühl, sondern durch technische Instrumente gemacht.

So ein Riesenflugzeug hat unheimlich viel Pferdekräfte. Die Zahl weiß ich nicht genau, aber es sind viele tausend. Je mehr, je besser. Es ist nicht ausgeschlossen, daß wir noch mal ganze Divisionen in so einem Ding transportieren können. In ihrem Rumpf kann man spazierengehen. In der einen Ecke ist ein unbeschreibliches Etwas, da haben die Gelehrten einen Funkentelegrafen hineingebaut, mit dem man sich im Fluge mit der Erde völlig verständigen kann. In der anderen Ecke hängen die schönsten Zervelatwürste, die berühmten Fliegerbomben, vor denen die unten solche Angst haben. Aus jeder Ecke starrt der Lauf eines Gewehrs. Eine fliegende Festung ist es. Die Tragflächen mit ihren Streben kommen einem vor wie Säulenhallen. Ich kann mich für diese Riesenkähne nicht begeistern. Ich finde sie gräßlich, unsportlich, langweilig, unbeweglich. Mir gefällt mehr ein Flugzeug wie "le petit rouge". Mit dem Ding ist es ganz egal, ob man auf dem Rücken fliegt, es senkrecht auf den Kopf stellt oder sonst welche Zicken macht, man fliegt eben wie ein Vogel, und doch ist es kein "Schwingenfliegen" wie der Vogel Albatros, sondern das ganze Ding ist eben ein "fliegender Motor". Ich glaube, wir werden noch so weit kommen, daß wir uns Fliegeranzüge für zwei Mark fünfzig Pfennig kaufen können, in die man einfach reinkriecht. An einem Ende ist ein Motörchen und ein Propellerchen, die Arme steckt man in die Tragflächen und die Beine in den Schwanz, dann hopst man etwas, das ist der Start, und dann geht es gleich einem Vogel durch die Lüfte.

Du lachst gewiß, lieber Leser, ich auch, aber ob unsere Kinder lachen werden, ist noch nicht heraus. Man hätte auch gelacht, wenn einer vor fünfzig Jahren erzählt hätte, er würde über Berlin hinwegfliegen. Ich sehe noch Zeppelin, wie er im Jahre 1910 zum ersten Male nach Berlin kam, und jetzt guckt die Berliner Range kaum noch nach oben, wenn so ein Ding durch die Luft braust. Außer diesen Riesenflugzeugen und dem Ding für Jagdflieger gibt es noch eine unzählige Menge von anderen in jeder Größe. Man ist noch lange nicht am Ende der Erfindungen. Wer weiß, was wir in einem Jahr verwenden werden, um uns in den blauen Äther zu bohren!

Es geht nur um den Kampf

Der Kommandeur eines Jagdgeschwaders muß unmittelbar bei seiner Truppe liegen. Es kann nicht angehen, daß er irgendwo im Hinterlande herumwohnt, mit seinen Fliegern telefonisch verkehrt, seine Befehle theoretisch vom grünen Tisch in der Etappe erteilt – so kann das nicht gehen. Der Kommandeur des Jagdgeschwaders muß über seine einzelnen Jagdstaffelführer, deren Unterführer, sogar über jeden einzelnen Jagdflieger eines Geschwaders durch höchsteigene Beobachtungen im Kampfe von den Fähigkeiten der Betreffenden überzeugt sein. Fliegerei vor dem Feind ist nicht so, daß man sich nach der Rangliste richten kann, ein verwendbarer Kampfflieger ist nur der, der den Feind angreift, wo er ihn sieht, der jederzeit bereit und auch fähig ist, sich in einen Kampf einzulassen, und der nicht danach fragt, ob er nicht selbst mit zerschmetterten Gliedern am Ende dieses Kampfes auf dem Boden liegen wird. Es gehen viele Herren in vielen schönen Uniformen herum, und sie sind deshalb noch lange keine anständigen Kampfflieger.

Der Kommandeur des Jagdgeschwaders muß die Spreu vom Weizen zu sondern verstehen. Das kann er nur, wenn er mit den Leuten, die er kommandiert, dauernd zusammen ist.

Aber nicht nur das. Der Kommandeur der Jagdstaffeln muß selbst ein Jagdflieger, und zwar ein guter, mit anderen Worten ein erfolgreicher sein. Er muß selbst mit aufsteigen. Warum? Weil er beobachten muß, wie seine Herren kämpfen. Das ist das Allerwichtigste. Er muß wissen, welche Männer er zusammen zum Geschwaderflug einsetzen muß, er muß beurteilen können, welche sich zusammen ergänzen, welche in der Luft zusammen verwendbar sind. Diejenigen Kampfgeschwader an der Front, die etwas leisten, bestehen aus Kameraden, die sich genau kennen, die im Kampf aufeinander eingespielt sind und die alle genau wissen, daß keiner den anderen im Stich läßt, wenn die Sache mulmig wird.

Kameradschaft ist tatsächlich in einer Jagdstaffel der Hauptwitz. Ich dulde keinen Stänker, wenn er auch vielleicht sonst am Feinde ein ganz brauchbarer Mann sein kann.

Der Kommandeur eines Geschwaders soll mit seinen Jagdstaffeln nicht allzuviel herumkommandieren. Der Staffelführer muß unbedingt frei Jagd in einem ihm angewiesenen Gebiet haben. In wichtigen Augenblicken soll der Kommandeur den Jagdstaffeln ihr Hauptkampfgebiet anweisen, ohne, wie das vorkommt, vorschreiben zu dürfen, daß man eine bestimmte Strecke "dreimal zu durchfliegen hat". Solche Befehle sind heller Unsinn. Die Jagdflieger haben sich in dem ihnen zugewiesenen Gebiet herumzutreiben, wie es ihnen paßt, und wenn sie einen Gegner sehen, dann greifen sie ihn an und schießen ihn ab. Alles andere ist Unsinn. Es kommt bei uns auf nichts anderes an als auf den Abschuß. Schon der gute, ganz uralte Herr Clausewitz hat gesagt, daß im Kriege nichts anderes Sinn hat als die Vernichtung des Gegners. Wenn jemand behauptet, es käme darauf an, den Gegner nur durch einfaches Vorhandensein von Jagdfliegern an einer bestimmten Stelle der Front davon abzuhalten, Beobachtungs- und Aufklärungsflüge vorzunehmen, so irrt er sich. Die Herrschaft in der Luft im Kriege ist durch nichts anderes zu gewinnen als durch den Kampf, also durch den Abschuß. Außerdem haben derartige Befehle eine verheerende Wirkung auf Jagdflieger, deren Nerven nicht so ganz fest sind und deren Kampfeswille leicht zu schwächen ist. Wird nämlich einem ohnedies schon etwas vorsichtigen Jagdflieger nocht gesagt: "Sie leisten dasselbe, wenn Sie nur an der Front auf und ab fliegen, wie der, der den Gegner angreift und vernichtet", so wird dieser ohnedies schon etwas fragliche Jagdflieger völlig unbrauchbar gemacht. Das soll unsere vorgesetzte Kommandostelle einsehen, es kommt nicht auf noch so gut stilisierte Befehle an, es geht nur um den Kampf.

Der rote Kampfflieger

Nun habe ich ein Buch geschrieben. Es heißt "Der rote Kampfflieger". Täglich laufen Briefe und Karten ein von Leuten, die mir versichern, daß ihnen "Der rote Kampfflieger" gut gefallen hat. Das macht mir eigentlich sehr viel Freude, ich lese alle Zuschriften, und wenn ich auch nicht die Hälfte beantworten kann, so gebe ich mir doch große Mühe, wenigstens den meisten Leuten zu schreiben.

Es ist doch sehr belustigend zu sehen, wie verschieden der Eindruck ist, den das Buch auf die Leser macht. Da schreibt mir beispielsweise ein Kamerad, der wahrscheinlich ein großer Schlemmer vor dem Herrn ist und im Kriege nicht ganz auf seine Rechnung kam:

"Sehr verehrter Herr Kamerad, bitte, schreiben Sie mir sofort, wo Sie Ihre Austern herzubeziehen pflegen. Ich will auch Austern essen."

Als ich diesen Brief bekam, faßte ich mir zunächst an den Kopf, dann mußte ich ganz schrecklich lachen, denn ich erinnerte mich dunkel, daß in meinem Buch von Austern die Rede war. Und tatsächlich, in meinem Buch steht:

"Wir feierten gemütlich ein Fest, aßen Austern und tranken Schampus."

Dieser Herr Kamerad hatte also diese Austern-Affäre als Quintessenz des Buches für sich behalten.

Ein Schüler schickte mir einen Toilettenspiegel und bemerkte dazu, er habe aus dem Buch entnommen, daß mir ein derartiges Werkzeug in meinem roten Flugzeug fehle.

Außerordentlich viele Briefe bekam ich aus dem Kadettenkorps. Da schrieben mir die Herren Kadetten, daß sie in bezug auf ihre Pauker absolut meiner Meinung seien, sie würden sich auch wie ich bemühen, nur das Allernotwendigste zu lernen, um versetzt zu werden.

Mein jüngster Bruder Bolko hat einen großen Beschwerdebrief an die Familie über mich losgelassen. Er ist Kadett in Wahlstatt und beschwert sich darüber, daß ich die Lehrer des Kadettenkorps in meinem Buch schlecht gemacht habe. Er habe nun so viel Unannehmlichkeiten im Korps, daß es gar nicht auszuhalten sei. Er bittet die Familie, dafür Sorge zu tragen, daß ich die Manuskripte, falls ich noch einmal welche verbrechen sollte, ihm zuerst zur Kontrolle vorzulegen habe. Ich finde, er verlangt etwas viel von mir, der gute Bolko; außerdem beschuldigt er mich der Lüge. In meinem Buch habe ich erzählt, daß ich einmal auf den Kirchturm in Wahlstatt geklettert sei und dort ein Taschentuch aufgehängt habe. Bolko behauptete nun, einwandfrei festgestellt zu haben, daß das Taschentuch dort nicht mehr hänge, daß ich infolgedessen kaum die Wahrheit gesagt haben könne. Ich finde, es ist zuviel verlangt von einem Taschentuch, fünfzehn Jahre einen Kirchturm zu zieren.

Jemand schickte mir die "London Times". Die Zeitung brachte eine Besprechung des "Roten Kampffliegers". Ich finde das ganz delikat, so während des Krieges von dem Gegner rezensiert zu werden. Ich komme ganz gut in der Besprechung weg. Wenn ich also einmal in englische Gefangenschaft gerate, behandeln mich die Lords sicher anständig.

So ein Buch wirkt aber auch manchmal verheerend auf das Gefühlsleben der Mitbewohner dieser Erde. Eine arme Person schrieb mir, sie liebe mich abgöttisch, sie habe mein Buch siebenmal gelesen. Das arme Kind!

Aber dann ist etwas passiert, worüber ich denn doch gestaunt habe. Da schreibt mir eine junge Dame, die, wie sie selbst sagt, durchaus aus gutem Hause ist. Diese Dame ist ein Klosterzögling und will Nonne werden. Sie hat in ihrer Klosterzelle mein Bild, das sie irgendwo erstanden hat, aufgehängt. Und nun geschah eines Tages das Unglück, eine Äbtissin kam in die Zelle und sah das Bild. Die Klosterschülerin erhielt einen strengen Verweis, und es wurde ihr gesagt, daß angehende Nonnen selbst dann keine Herrenbilder in ihrer Stube aufzuhängen hätten, auch dann nicht – wenn diese Männer bekannte Kampfflieger seien. Die Schülerin mußte also das Bild entfernen. Aber was tat das kluge Kind? Sie tat etwas, was mir vielleicht schmeicheln könnte, wenn ich die ganze Sache nicht doch für allzu verdreht hielte. – Sie schrieb an eine Freundin, die schon Nonne war, und bat sie, ihr eine große Fotografie von sich zu schicken. Die Freundin tat das. Dann ging das arme Mädchen hin, schnitt aus der Fotografie das Gesicht aus und klebte mein Gesicht unter die Nonnenhaube. Als das nun wieder herauskam, nahm die Schülerin selbst eine Ähnlichkeit mit mir an. Sie flog nämlich.

Wahrscheinlich mit Recht.

Ich höre im übrigen folgende herrliche Geschichte:

Zwei englische Verlage wollen den "Roten Kampfflieger" in England herausbringen. Beide zogen vor den Londoner Patentgerichtshof, weil es sich bei der Herausgabe des Buches um eine Verletzung international geschützter Urheberrechte in England handelt. Der Vertreter der zuständigen englischen Aufsichtsbehörde tat mir große Ehre an. Er erklärte, daß mein Buch großes allgemeines und fachliches Interesse sicher habe und daß seine englische Herausgabe nützlich wäre; denn es schildere die Methode des besten deutschen Kampffliegers, der auch den berühmtesten englischen Flieger, Captain Ball, abgeschossen habe. Also wird "Der rote Kampfflieger", wenn sich die beiden Verlage geeinigt haben, in England erscheinen.

God save the King!

Gedanken im Unterstand

In meinem Unterstand hängt an der Decke eine Lampe, die ich mir aus einem Flugzeugmotor habe basteln lassen. Er stammt aus einem Flugzeug, das ich abgeschossen habe. In die Zylinder hinein habe ich Lampen montiert, und wenn ich nachts wach liege und das Licht brennen lasse, so sieht dieser Kronleuchter an der Decke weiß Gott phantastisch und unheimlich genug aus. Ich habe, wenn ich so liege, an vieles zu denken. Ich schreibe es nieder, ohne daß ich weiß, ob jemand außer meinen nächsten Angehörigen diese Niederschrift jemals zu sehen bekommt. Ich gehe mit dem Gedanken um, dem "Roten Kampfflieger" eine Fortsetzung zu geben, und zwar aus einem ganz bestimmten Grunde. Jetzt ist der Kampf, der sich an allen Fronten abspielt, ganz verteufelt ernst geworden, es ist nichts mehr übriggeblieben von diesem "frischen, fröhlichen Krieg", wie man unsere Tätigkeit anfangs genannt hat. Jetzt müssen wir uns überall auf das verzweifeltste wehren, damit die Feinde nicht in unser Land hereinbrechen. Ich habe nun so den dunklen Eindruck, als ob aus dem "Roten Kampfflieger" den Leuten ein ganz anderer Richthofen entgegenleuchtet – als mir selbst zumute ist. Wenn ich in dem Buch lese, grinse ich mich selbst schnoddrig an. Jetzt ist mir gar nicht mehr schnoddrig zumute. Nicht etwa deshalb, weil ich mir vorstelle, wie das ist, wenn sich mir eines Tages der Tod in den Nacken setzt, deshalb sicher nicht, obgleich ich oft genug daran erinnert werde, daß das einmal so kommen kann. Von höchster Stelle hat man mir sagen lassen, ich solle es jetzt aufgeben, selber zu fliegen, denn einmal würde es mich doch erwischen. Ich würde mir aber sehr elend vorkommen, wenn ich jetzt, behaftet mit Ruhm und Orden, als Pensionär meiner Würde dahinleben würde, um mein kostbares Leben der Nation zu erhalten, während jeder arme Kerl im Schützengraben, der seine Pflicht genauso tut wie ich, ausharrt.

Mir ist nach jedem Luftkampf erbärmlich zumute. Das kommt aber wohl von den Nachwirkungen meines Kopfschusses. Wenn ich meinen Fuß auf dem Flugplatz wieder auf den Boden gesetzt habe, dann mache ich, daß ich in meine vier Wände komme, will niemanden sehen und von nichts hören. Ich glaube, so ist es wirklich, es ist nicht so, wie die Leute in der Heimat sich das vorstellen, mit Hurra und Gebrüll, es ist alles viel ernster, verbissener — — —

Mein Bruder, der Kampfflieger

von Lothar Freiherr von Richthofen

Die rote Farbe

Es war gerade bekanntgeworden, daß die Engländer ein Kopfgeld auf meinen Bruder ausgesetzt hatten. Jeder Flieger drüben kannte ihn, denn er flog damals noch allein ein rot angepinseltes Flugzeug. Darum war es schon seit langem unser Wunsch, alle Flugzeuge unserer Staffel rot anstreichen zu lassen, und wir baten meinen Bruder händeringend darum, damit er nicht so besonders auffalle. Die Bitte ward gewährt; denn auch wir hatten uns schon durch viele Abschüsse der roten Farbe würdig gezeigt. Die rote Farbe bedeutete eine gewisse Anmaßung. Das wußte jeder. Man fiel auf damit. Folglich mußte man schon etwas leisten. Stolz besahen wir uns schließlich unsere roten Vögel. Meines Bruders Kiste war knallrot. Jeder von uns anderen hatte noch einige Merkmale in anderen Farben. Da man sich in der Luft ja nicht gegenseitig ins Gesicht sehen kann, hatten wir diese Farben als Erkennungszeichen gewählt. Schäfer hatte zum Beispiel Höhensteuer, Seitensteuer und etwas vom hinteren Rumpf schwarz, Allmenröder dasselbe in weiß, Wolff grün und ich gelb. Als gelber Dragoner war das für mich die gegebene Farbe. So hatte jeder eine verschiedene. In der Luft erschien dann der ganze Apparat sowohl von der Erde aus wie auch vom Feinde gesehen rot, da ja nur kleine andere Teile in anderer Farbe angemalt waren. Wer die Abwehrschlacht bei Arras mitgemacht hat, wird die roten Vögel und ihre Arbeit ja zur Genüge gesehen haben.

Nun wird sich mancher fragen: Wie kommt der Rittmeister Richthofen überhaupt bloß dazu, seine Kiste rot anzustreichen? Die Franzosen bezeichneten dies in einem Artikel als kindisch. Der Grund ist anderswo zu suchen. Als Manfred bei der Jagdstaffel Boelcke anfing, seine ersten Erfolge zu erringen, ärgerte er sich darüber, daß ihn die Feinde im Luftkampf viel zu früh sahen. Er versuchte, sich durch verschiedene Farben möglichst unsichtbar zu machen. So strich er sich unter anderem erdfarben an. Von oben würde man diese Farbe nicht entdecken,wenn sich so ein Ding nicht bewegen würde. Manfred mußte zu seiner Betrübnis merken, daß eine Farbe nichts nützte. Es gibt eben für einen Flieger keine Tarnkappe, mit der er sich unsichtbar machen könnte. Um dann wenigstens in der Luft von seinen Kameraden als Führerflugzeug immer erkannt zu werden, wählte er die leuchtend rote Farbe. Später wurde die rote Maschine auch bei den Engländern bekannt. "Le petit rouge" und andere Namen wurden ihr beigelegt. Dann wurde behauptet, eine "Jeanne d'Arc" oder eine ähnliche Frau säße darin. Freund und Feind wußten, wer in der roten Maschine saß. Eine unbeschreibliche Begeisterung löste sie bei unseren Truppen an der Front aus, weniger bei den Feinden. Mir schwebte der bekannte Vergleich mit dem roten Tuch vor, das man früher im Stierkampf dem Stier vorhielt, um ihn auf diese Weise zum besinnungslosen Angriff zu reizen. Aber der Vergleich stimmt insofern nicht, als die Engländer, sobald sie die rote Maschine sahen, ausrissen wie Schafleder. So brauchte sich die rote Maschine in der Arrasschlacht nur der Front zu nähern, um die Engländer sofort über ihre eigenen Linien flüchten zu sehen.

Abgeschnitten

Mit der Zeit kommt man an viele Fronten. Was ich hier erzähle, spielte sich bei Cambrai ab. Bei wunderschönem Wetter flog ich mit meinem Bruder allein an die Front.

Im Norden sind Sprengpunkte zu sehen. Als wir in die Nähe kommen, flüchtet gerade ein einzelner Engländer über die Front. Sonst ist vorläufig nichts zu sehen. Wir fliegen unbeschossen über die englischen Linien. Es ist Ostwind, für einen Luftkampf sehr ungünstig, da man im Kampfe vom Wind stark abgetrieben wird. Der Einsitzer ist nur im Angriff im Vorteil. Das ergibt sich aus seiner Bewaffnung. Wird man im Luftkampf durch den Wind weit in Feindesland getrieben, so muß einmal der Moment kommen, wo man zurückfliegen, d.h. zur Defensive übergehen muß. Für einen Einsitzer, der nur nach vorn schießen kann, ein sehr fataler Moment, der schon für viele verhängnisvoll geworden ist! Plötzlich sehen mein Bruder und ich, daß aus einer Riesenhöhe fünf englische Einsitzer auf uns herunterstoßen. Ich habe im Fluge mit anderen nie dasselbe Gefühl der Überlegenheit gehabt, als wenn ich mit meinem Bruder flog. So auch diesmal.

Die fünf Lords trauen sich vorläufig nicht recht an uns heran, sondern bleiben über uns und machen ihre Schießübungen auf die beiden deutschen Flugzeuge. Jetzt wird einer etwas dreister, stößt auf mich herunter. Kurz kehrt! Schon sitze ich hinter ihm. Aus dem Angreifer wird der Verfolgte. Der Engländer versucht, sich durch seine schnelle Maschine nach Westen zu retten. Durch dauerndes Zickzackfliegen bietet er mir kein sicheres Ziel. Er rafft sich zu keiner Verteidigung mehr auf. Der Insasse scheint mir schon verwundet. Der Engländer "stinkt" schon, ein Fliegerausdruck für die Rauchfahne aus einem durchschossenen Benzin- oder Öltank. Gerade will ich dem Engländer den Rest geben, da habe ich Ladehemmung. Tieftraurig lasse ich von ihm ab und mache kehrt. Im Laufe des Kampfes bin ich viele Kilometer von unserer Front abgekommen. Plötzlich kommt mir ein furchtbarer Gedanke: Wo sind die anderen vier Engländer, und wo ist mein Bruder geblieben? Da sehe ich auch schon ein schaurig schönes Bild! In wildem Kampfe die vier Engländer und mein Bruder, sich in Kurven umeinander drehend! Mein Herz bleibt mir vor Angst um Manfred beinahe stehen: Ich habe ja Ladehemmung und kann nicht mehr schießen! Hat doch mein Bruder die vier Engländer, die mich schon lange abgeschnitten hatten, dauernd beschäftigt, so daß keiner mir hat folgen können! Jetzt bin ich also an der Reihe zu helfen. Mitten unter die Kämpfenden platze ich hinein. Die vier Engländer, die bisher nur den einen Gegner vor sich gehabt hatten, ließen plötzlich von uns ab und flogen nach Hause, obwohl sie noch in der doppelten Anzahl waren. Daß ich außerdem Ladehemmung hatte, konnten sie ja nicht wissen. Wie mein Bruder hinterher sagte, hatte er für unser beider Leben nichts mehr gegeben.

Schäfer rettet mir das Leben

Im Frieden bekam man dafür die Rettungsmedaille. Im Kriege habe ich dafür Schäfer zum Abendessen, zu einer Pulle Sekt eingeladen. Ein herrliches Wetter, blauer Himmel! Wir fliegen auf die Meldung, daß feindlicher Flugbetrieb an der Front sei, los, Schäfer, ich und noch zwei andere Herren. An der Front sehen wir zunächst nichts. Doch da sind Engländer. Sie fliegen zu fünft, große Rumpfdoppeldecker, alles Zweisitzer, aber leider sehr weit drüben. Wir fliegen über der Front auf und ab, die fünf Engländer weit jenseits. Die Sache beginnt schon langweilig zu werden, da die Engländer durchaus nicht in die Nähe der Front kommen wollen. Da entdecke ich – wir fliegen etwa dreitausend Meter hoch – etwa eintausend Meter tiefer einen einzelnen Engländer. Also nichts als drauf! Wie ich gerade beginne, im Sturzflug allein auf ihn hinunterzugehen, da entdeckt der Engländer leider schon die Gefahr und entflieht. Ich bekomme ihn noch zu fassen, aber bereits mehrere Kilometer jenseits. Wir sind nur noch fünfzehnhundert Meter hoch. Der Engländer entzieht sich aber der Gefahr, indem er immer tiefer geht. So sind wir schließlich fünf Kilometer jenseits der Linien geraten. Der Kampf ist also für mich zu ungünstig. Ich breche ihn ab, da ja ein einziger Schuß in den Motor genügt, um jenseits landen zu müssen.

Ich fliege also tiefbetrübt wieder Richtung Front, als ich plötzlich einen Engländer von den fünf, die wir vorher beobachtet hatten, sich loslösen und auf mich herunterstoßen sehe. Ich war nun sehr weit drüben, etwa immer noch fünf Kilometer in eintausend Meter Höhe, also für einen Einsitzer, der nur nach vorn schießen kann, denkbar ungünstig. Ich fliege also Richtung Front weiter. Der Engländer fängt schon auf eintausend Meter an zu schießen. Ich sage mir daraufhin: Denkbar günstig! Auf die Entfernung kann er ja doch nichts treffen, und fliege ruhig weiter. Das MG-Geknatter höre ich unausgesetzt auf große Entfernung hinter mir. Ich mache mir schon die schönsten Hoffnungen, indem ich mir sage: Warte nur, wenn du heran bist, hast du dich verschossen und hast Ladehemmung. Da plötzlich ein Krach in meiner Maschine! Ein Hauptspanndraht ist durchschossen. Nun kann ich also keine scharfe Kurve mehr machen, sonst fliegen mir die Tragdecken auseinander. Eigentlich hätte ich nun, auch ohne den Engländer im Nacken, schon abstürzen müssen. Dazu war ich noch drei Kilometer jenseits der Linien. Verzweiflung kennt man als Flieger nicht. Dazu kommt, daß man sich der Gefahr in den meisten Fällen nicht voll bewußt ist. Ich denke also: Nimm ruhig den Kampf auf!

Inzwischen ist der Engländer auf nächste Entfernung heran. Das MG-Geknatter ist erschreckend laut, die Leuchtspurmunition, also Brandmunition, fliegt nur so um mich herum. Ich sitze also gut in der Garbe. Scheußlich! Ich kann immer noch nicht schießen, da der Engländer noch über mir ist. Trotz der Gefahr, daß mir beide Tragflächen fortfliegen können, mache ich eine scharfe Kurve, um mich meinerseits hinter den Engländer zu setzen. Ich fühle ganz deutlich, daß meine Maschine diese Beanspruchung nicht mehr aushält, denn sie ist nur noch ein Wrack. So sah ich mich in Gedanken in den nächsten Sekunden brennen. Fast unbeweglich hing ich wie eine Zielscheibe unter dem Engländer. Was sehe ich da! Das englische Flugzeug brennt lichterloh, hinter ihm fliegend ein deutsches Flugzeug! Das war Schäfer! Ich erkenne es an dem bemalten Rumpf! Gott sei Dank! Ich gehe jede Wette ein, daß ich innerhalb der nächsten halben Minute abgeschossen worden wäre, oder daß sich meine Tragflächen selbständig gemacht hätten. Zu Hause angekommen, gab ich Schäfer bloß die Hand und lud ihn abends zu einer Pulle Schampus ein. Gut, daß man das wenigstens konnte.

Beim zehnten Abschuß erhielten wir damals bei der Staffel ein Bild von meinem Bruder mit seiner Unterschrift. Dies hatte ich gerade drei Tage vorher verdient und erhalten. Am Nachmittag schoß ich, zum Zeichen, daß an meinem heutigen Mißgeschick nur der Defekt an der Maschine schuld gewesen war, Nr. 11 bei Vimy ab.

Ein Bluff

Ein herrlicher, heißer Aprilmorgen! Wir stehen gerade vor unseren Vögeln und warten auf Meldung. Da rattert das Telefon. Reger Flugbetrieb südlich Arras! Ein Wink dem Startunteroffizier, die Alarmglocke ertönt, und plötzlich kommt Leben in die Bude! Die Monteure eilen aus allen Ecken zu den nebeneinander aufgestellten Maschinen, um sie laufen zu lassen. Auch die Piloten eilen herbei. Welches Führerflugzeug? – Mein Bruder! – Los! Südlich Arras in etwa dreitausend Meter Höhe angekommen! Nichts zu sehen! Doch da sind drei Engländer. Und nun unser Staunen! Die drei greifen uns an, indem sie aus großer Höhe auf uns herunterstoßen. Mein Bruder nimmt sich den ersten vor, Wolff den zweiten, und mich greift der dritte an. Solange der Engländer über mir ist, schießt er. Ich muß warten, bis er in meine Höhe kommt, um überhaupt schießen zu können. So, jetzt ist er an mich heran. Gerade will ich schießen, da will er mir was vormachen und läßt sich abtrudeln. Ich denke: Das kannst du auch!

Zehn Meter seitwärts lasse ich mich gleichfalls abtrudeln. Jetzt fliegt er wieder geradeaus. Schon sitze ich hinter ihm. Kaum merkt er das, als er anfängt, wie wild Kurven zu drehen. Wir haben Westwind, also muß sich der Kampf, der an der Front anfing, immer weiter diesseits abspielen. Ich folge ihm also. Sobald er versucht, geradeaus zu fliegen, gebe ich einige Schreckschüsse ab. Schließlich wird mir die Sache langweilig. Ich versuche, ihn in der Kurve zu treffen, und schieße und schieße.

Inzwischen sind wir in etwa fünfhundert Meter Höhe hinter unseren vordersten Linien angelangt. Ich zwinge den Engländer weiterzukurven. Beim Kurven kommt man im Luftkampf immer tiefer, bis man landen muß, oder es bleibt nur noch der Versuch, geradeaus nach Hause zu fliegen. Mein Engländer entschließt sich zu letzterem. Blitzschnell kommt mir der Gedanke: Jetzt hat für dich armen Kerl die Stunde geschlagen! Ich sitze hinter ihm. Auf die nötige Entfernung, etwa fünfzig Meter, heran, ziele ich sauber und drücke auf meine MG-Knöpfe. Nanu! Es kommt kein Schuß heraus. Ich denke: Ladehemmung, lade durch, drücke wieder auf die MG-Knöpfe: kein Schuß! Verzweifelt! Dem Erfolg so nahe! Ich sehe mir nochmals meine MGs an. Donnerwetter! Ich habe mich bis auf den letzten Schuß verschossen. Die leeren Gurte habe ich in den Händen. Tausend Schuß! Soviel habe und hatte ich noch nicht gebraucht.

Den darfst du unter keinen Umständen fortlassen, war mein einziger Gedanke. Beinahe eine Viertelstunde mit einer roten Maschine gekämpft zu haben und dann entronnen zu sein, das wäre ein Triumph für den Engländer gewesen!

Ich fliege immer näher und näher heran. Die Entfernung von meinem Propeller zum Seitensteuer des Engländers verringerte sich ständig. Ich schätze: zehn Meter, fünf Meter, drei, jetzt nur noch zwei Meter! Schließlich kommt mir ein verzweifelter Gedanke: Soll ich ihm mit dem Propeller das Seitensteuer abschlagen? Dann fällt er, aber ich wahrscheinlich mit ihm. Eine andere Theorie: Wenn ich nun in dem Augenblick, wo ich ihn berühre, den Motor abstelle, was passiert dann? Da sieht sich mein Engländer um, sieht mich direkt hinter sich, wirft mir einen entsetzten Blick zu, stellt seinen Motor ab und landet im Sturzflug ungefähr bei unserer dritten Stellung. Unten auf der Erde läßt er den Motor langsam weiterlaufen.

Wenn man beim Gegner landen muß, versucht man, sein Flugzeug durch Verbrennen zu vernichten. Um dies als Verfolger zu verhindern, schießt man in solchen Fällen in die Nähe des gelandeten Flugzeuges, bis die Insassen vom Apparat weglaufen. So fliege ich ihm so dicht um den Kopf herum, daß er merkt, daß ich aufpasse. Der Engländer springt aus seiner Maschine heraus, winkt mir noch zu, hebt dann die Hand hoch und läßt sich von unserer herbeieilenden Infanterie festnehmen.

Wie ich an einem anderen Fall später gesehen habe, wäre ich übrigens sicher abgestürzt, wenn ich den Engländer mit meinem laufenden Propeller in der Luft berührt hätte.

Zu seiner Entschuldigung muß ich sagen, er konnte nicht wissen, daß ich keine Patronen mehr hatte. Eine Patrone hätte genügt, um ihn aus so unmitelbarer Nähe sicher treffen zu können. Er selbst hätte nur kehrtzumachen brauchen, dann hätte ich ausreißen müssen. Er hatte höchstens fünfzig Schuß auf mich verfeuert, und ich war ohne Patronen vollkommen wehrlos. Aber die Sache war gelungen, das bleibt die Hauptsache. Ich flog am nächsten Tag zu der Abteilung, die das Flugzeug, einen Spad, einen damals sehr guten, englischen Kampfeinsitzer, geborgen hatte, sah mir die Maschine an und suchte nach Treffern. Bei meinen tausend Schuß muß ich ihn doch einmal getroffen haben! Ich fragte, ob der Insasse verwundet worden war, worauf mir prompt die Antwort kam: "Nein!" Nicht ein einziger Treffer war im ganzen Fugzeug zu finden! Nicht einmal die Achse war verbogen, was sonst bei schlechter Landung oder bei ungünstigem Terrain leicht passieren kann! Nun mußte ich doch lachen. So war also der Engländer tatsächlich aus Angst vor mir gelandet!

In meiner Erfolgsliste steht heute: "Am 29. April 1917 vormittags bei Izel ein Spad-Einsitzer, Insasse ein englischer Offizier." Ich habe ihn nicht gesprochen, da unser Flugplatz weit weg lag von seiner Landungsstelle. Also hat er nie erfahren, daß ich keine Patronen mehr gehabt hatte, und daß er bloß aus Angst gelandet war. Zu Hause bei meiner Staffel angekommen, sagte ich mir: Das kannst du doch niemandem erzählen, daß du mit tausend Schuß keinen einzigen Treffer erzielt hast!

Mein Bruder und Wolff hatten ihre beiden abgeschossen. Ich weiß nicht, ob ich es überhaupt jemandem in der Staffel erzählt habe, so schämte ich mich damals ob meiner schlechten Schießleistung. Bei dieser Gelegenheit ist es ganz interessant zu erwähnen, wieviel Schuß man im allgemeinen braucht, um einen Engländer abzuschießen. Als ich die ersten Male mit meinem Bruder flog und zusah, da hatte ich noch gar nicht gemerkt, daß mein Bruder angefangen hatte zu schießen, als der Engländer schon fiel. Im allgemeinen hatte mein Bruder dann noch nicht einmal zwanzig Schuß gebraucht. Man kann das aber nicht als die Regel nehmen. Man greift einen Engländer meist von hinten an, um in der Flugrichtung schießen zu können. Fliegt der Engländer ruhig geradeaus und ein guter Schütze sitzt hinter ihm, dann fällt der Engländer bei den ersten Schüssen. Fängt aber der Gegner an zu kurven, so daß man ihn nicht vor sich, geradeaus fliegend, zu Schuß bekommt, dann trifft man ihn entweder nie oder nur durch einen Zufallstreffer.

Abgestürzt

Der 13. März! An der Front gibt es keinen Unterschied zwischen Sonntag und Wochentag. Manchmal weiß man auch das Datum nicht genau. So hatte ich gar nicht daran gedacht, daß der Dreizehnte eigentlich mein Unglückstag ist. Unsere Staffel flog an diesem Tage unter Führung meines Bruders an die Front. Mehrere Meldungen hatten uns auf einen regen Flugbetrieb vorbereitet. Kaum an der Front angekommen, begegneten wir einem Haufen Engländer. Jeder griff sich einen raus, so auch ich. Im Sturzflug griff ich meinen Gegner an. Da, ein Krach in meiner Maschine! Sie war getroffen. Nur zu bald merkte ich, was los war. Ich flog einen Dreidecker. Aus dem Dreidecker wurde plötzlich ein Doppeldecker. Ein scheußliches Gefühl, in viertausend Meter eine Tragfläche minus zu machen. Ich ließ also schleunigst von meinem Engländer ab. Der war auch wirklich so dumm und folgte mir nicht. Nichts wäre leichter gewesen, als mich in dieser Verfassung abzuschießen. Gott sei Dank stürzte die Maschine nicht. Mit den übrig gebliebenen beiden Tragflächen konnte ich noch einen normalen Gleitflug machen, aber nur geradeaus, da die Seitensteuer nicht mehr funktionierten. Ich konnte der Maschine nur noch zum Gleitflug die nötige Lage geben. So kam ich herunter. Vor mir lag ein großer, freier Platz. Dort wollte ich landen. Während man sonst im allgemeinen auf den Meter berechnen kann, wo man mit der Maschine landen will, hatte ich mich diesmal verrechnet. Als ich noch in fünfhundert Meter Höhe war, sah ich plötzlich vor mir eine Hochspannungsleitung. Darüber hinweg konnte ich nicht mehr, drunter durch ging es auch nicht, denn dort fuhren gerade zwei sich kreuzende Kolonnen. Ich wollte doch nicht andere Menschen ins Jenseits befördern. Also mußte ich eine Kurve machen. Aber das ging doch nicht mehr! –

Donnerwetter noch einmal. Du liegst im Bett. Vier kahle, weiße Wände! Die Krankenschwester am Bett, also im Lazarett! Der Kopf ganz verbunden, rühren kann ich mich auch nicht. Richtig, ja! Jetzt dämmert es mir: Du wolltest ja landen und eine Kurve machen! Bei dem Versuch, die Kurve zu machen, war ich abgestürzt und hatte sofort die Besinnung verloren. Nur mit dem Kopf und den Beinen war ich aufgeschlagen. Die Hände waren noch am Steuer gewesen. Wie mir meine Kameraden sagten, hatten sie meinen Absturz für einen Todessturz gehalten.

Bombenabwerfen als Beobachter

Bevor man die einsitzigen Jagdflugzeuge kannte, dachte man, daß das doppelsitzige Flugzeug die gegebene Kampfmaschine sei. So existierten damals sogenannte Kampfgeschwader. Als ich zur Fliegerei ging, dachte ich mir als das Schönste einen Luftkampf, und ich war selig, als man mich bei einem Kampfgeschwader anforderte. Täglich übte ich mich im Luftkampf mit meinem braven Piloten. Jedoch war uns trotz zahlreicher Luftkämpfe kein Erfolg beschieden. Da uns diese Tätigkeit nicht genügend befriedigte, legten wir uns aufs Bombenwerfen. Wir übten zunächst über unserem Flugplatz und warfen unsere Bomben auf Scheiben.

Dabei passierte einmal eine sehr niedliche Geschichte. Bei meinem Kampfgeschwader befand sich damals als Beobachter ein kurzsichtiger Professor. Als Scheibe hatten wir ein weißes Tuch ausgelegt. Jeder flog darüber weg und legte seine Eier darauf nieder. Nun kam der Professor an die Reihe. Er steuerte auf das Ziel los. Plötzlich sieht er etwas Weißes unter sich. Die Bombe fällt und trifft mitten in eine Kuhherde, in deren Mitte sich eine weiße Kuh befand. Sieben Kühe lagen auf der Strecke, der Stolz unseres Kampfgeschwaders! Nun mußten wir wochenlang Rindfleisch essen. Der brave Professor aber hieß fortan Kuhtöter.

Kuhtöter leistete sich noch manches andere. Nach seinem ersten Feindflug kam er atemlos nach Hause und behauptete, der Luftkampf sei eine kolossal anstrengende Sache. Krebsrot war er im Gesicht, und der kräftige, breitschultrige Mann war ziemlich erledigt, obwohl sonst ein Luftkampf keine besondere Anstrengung erfordert. Wir konnten uns das Rätsel dieses Luftkampfes nicht erklären. Schließlich stellte sich folgende Sache heraus: Ein Beobachter hat ein auf einem Kranz befestigtes Maschinengewehr als Waffe. Kuhtöter hatte sein Maschinengewehr unbefestigt mitgenommen und hatte stehend, freihändig, einen Luftkampf exerziert. So konnten wir uns seinen Zustand erklären; denn bei dem außerordentlichen Luftzug im Flugzeug ist es wohl eine übermenschliche Anstrengung, das Maschinengewehr freihändig zu bedienen.

Nach erledigten Vorübungen warfen wir unsere Bomben über dem Feind. Man schraubt sich dazu diesseits dreitausend bis viertausend Meter hoch, überschreitet dann die Front und steuert dem befohlenen Ziele zu. Man flog in großen Geschwadern, so daß man von feindlichen Flugzeugen wenig behelligt wurde. Über das Flakfeuer machten wir uns größtenteils nur lustig, da die Feinde unheimlich Munition auf uns verschwendeten, die sie meistens zu kurz oder zu hoch verschossen. Die Wirkung der Bomben konnte man aus dieser Höhe schwer beobachten. Man sah bloß eine winzig kleine Rauchwolke da, wo die Bombe explodiert war. Sehr viel mehr befriedigte uns das Bombenwerfen bei Nacht. Wir erkundigten uns, welches Ziel fürs Bombenwerfen in Betracht käme, und machten uns dann nachts an die Arbeit. Diese Tätigkeit war sehr interessant. Man packte sich abends um zehn Uhr so viel Bomben an die Maschine, wie Platz hatten, und flog Richtung feindliche Truppen- und Munitionslager. Bei Nacht konnten einen die Feinde nicht sehen. Da konnte man über das Ziel auf hundert bis fünfzig Meter hinuntergehen und die Wirkung aus dieser Höhe glänzend beobachten. Taghell wurde durch das Explodieren des Einschlagers dessen Umgebung beleuchtet. Baracken, angefüllt mit feindlichen Truppen, und Munitionslager konnte man deutlich erkennen. Einmal gelang es uns dabei, ein solches Munitionslager in die Luft zu sprengen. Eine einzige Bombe hatte die Entzündung hervorgerufen. Die Explosion verbreitete sich über das ganze Lager, das etwa einen Quadratkilometer Ausdehnung hatte. Es sah aus, als ob die Feuersäulen die Höhe von dreitausend bis viertausend Meter erreichten. Ein Lagerplatz entzündete sich immer an dem anderen. In einem Umkreis von einem Kilometer waren die Erderschütterungen bemerkbar. Noch am nächsten Tage brannte das ganze Lager.

Diese Tätigkeit als Bombenwerfer befriedigte uns sehr. Kaum waren wir von unserem ersten Fluge zurück, da wurde die Kiste von neuem mit Bomben beladen und Betriebsstoffe aufgefüllt. Währenddessen saß man im Kasino und flößte sich mit Grog neuen Mut ein. Das Manöver wiederholte sich allnächtlich dreimal. Das letztemal startete man gegen fünf Uhr morgens. Bis acht Uhr hielt die Dunkelheit an. Bei einem dieser Morgenflüge waren wir auf der Rückkehr noch nicht an der Front, als dichter Bodennebel uns jede Orientierung auf der Erde nahm. Nur aus dem Aufblitzen der Geschütze konnten wir schließen, wo Freund und Feind lag.

Da die Front nicht in gerader Linie verläuft, waren wir unserer Sache noch nicht ganz sicher, als wir zur Landung schritten. Zunächst sausten wir in zehn Meter Höhe über die Stelle weg, auf der wir landen wollten. Mit größter Anstrengung suchten wir den dichten Nebel mit unseren Augen zu durchdringen, um Bäume, Gräben und sonstige Hindernisse zu erkennen. Dann schritten wir an derselben Stelle zur Landung. Eine Notlandung bei Unsichtigkeit ist mit das Gefährlichste, was es gibt. Bei Bodennebel endigen solche Landungen meist mit Todessturz. Wir hatten Glück. Wir sausten haarscharf an einem Baum vorbei, und die Maschine stand einen Meter vor einem tiefen Graben still. Schnell wurde die Maschine wieder in die richtige

Brennend in die Tiefe

Richtung zum Starten gebracht; denn ganz sicher waren wir nicht, ob wir nicht bei Joffre gelandet waren. Meinem Piloten Leutnant Kreutzmann rief ich noch zu, daß wir, ohne einen Gefangenen mitzunehmen, nicht heimreisen dürften. Zu meinem großen Bedauern stellten wir fest, daß wir bei uns gelandet waren. Also war es mit dem Gefangenen nichts. Wir hatten es uns schon so schön vorgestellt, wie wir mit dem Franzosen bei unserer Staffel angekommen wären. Meine Freude war aber doch groß, als wir entdeckten, daß wir ganz in der Nähe von meinem Bruder gelandet waren, der damals bei der Staffel Boelcke seine ersten Erfolge errang.

Ein Tag bei Staffel 11

Die Staffel war in zwei Gruppen eingeteilt, das heißt, es flog immer die halbe Staffel zusammen. Mein Bruder flog als Staffelführer mal mit der einen, mal mit der anderen Gruppe. Meine Gruppe führte Schäfer, und außer mir flogen noch Wolff, Allmenröder und Lübbert. Das war damals so die günstigste Zahl zum Zusammenfliegen. Diese ganze Gruppe hat sich dann später den Pour le mérite verdient, nur Leutnant Lübbert fiel leider vor der Zeit. Er hatte bei seiner Feldfliegerabteilung schon die fabelhaftesten Sachen geleistet. Nur der Tod konnte unseren lieben Kameraden daran hindern, sich den Pour le mérite zu holen. Die Gruppe hatte an dem Tag Frühstart, das heißt, wir mußten uns vom Morgengrauen an bereit halten, jeden Augenblick starten zu können; das war schon sehr zeitig, zwischen vier und fünf Uhr. Wir saßen, gerade aufgestanden, im Starthaus, da klingelt das Telefon: "Sechs Bristol von Arras nach Douai." Nun waren wir schon aufgestanden, also los. In dreitausend Meter Höhe eine durchbrochene Wolkendecke.

Als wir gerade starten, sehen wir die Engländer genau unter der Wolkendecke schon in der Nähe unseres Flugplatzes. Der rote Vogel meines Bruders steht startbereit auf dem Platz, seine Monteure dabei. Von meinem Bruder nichts zu sehen. Wir bekamen die Engländer noch zu fassen, aber die Kerls flogen so geschickt in den Wolkenschichten, daß keiner von uns einen abschießen konnte. Immer wenn man hinter einem auf Schutzentfernung saß, verschwand er nach unten oder oben in den Wolken. Es war dies mein erster Luftkampf, und ich war sehr stolz, als ich mal einen vorhatte, der in meinem MG-Feuer anfing zu stinken. Ich hatte ihm einen Benzintank durchschossen; aber im nächsten Augenblick verschwand er wieder in den Wolken. Da fast sämtliche Maschinen einen Reservetank haben, hatte er wahrscheinlich den anderen Benzintank eingeschaltet. Wenigstens flog der Kerl weiter. Ich war natürlich sehr traurig, daß er nicht runterfiel; aber das war, wie mir nachher mein Bruder sagte, zuviel verlangt vom ersten Luftkampf.

Wir hatten alle keinen abgeschossen und landeten etwa nach einer Stunde auf unserem Platz. Unten stand wieder

der rote Vogel meines Bruders, aber man konnte schon von weitem an dem Arbeiten der Monteure und an der Lage der Maschinen sehen, daß er unterwegs gewesen war. Da wird uns auch gleich erzählt: Ja, der Herr Rittmeister war etwa fünf Minuten nach uns gestartet. Er hatte noch im Bett gelegen, als die Meldung kam. Schnell über den Schlafanzug die Fliegerbekleidung und los. Nach zwanzig Minuten war er zurückgekehrt und hatte dabei einen Engländer diesseits abgeschossen. Als wir nun wieder zurückkamen, lag er im Bett und schlief bereits wieder, als ob nichts passiert sei. Nur einige Treffer in seiner Maschine und Meldungen über das abgeschossene Flugzeug, die einliefen, zeugten von seinem Fluge. Wir schämten uns doch alle ein bißchen; wir waren zu fünfen gewesen, waren früher gestartet, später gelandet und hatten nichts herunterbekommen. Als wir uns gegen acht Uhr zum zweiten Start versammelten, erschien mein Bruder. Er schimpfte über die Engländer, diese nächtlichen Ruhestörer, die friedliebende Menschen mitten in der Nacht aus dem Bett trommelten. Wir gratulierten ihm herzlich, erzählten ihm unsere Erlebnisse, er uns seine. Er war direkt nach der Front zu gestartet. Wenige Kilometer vor der Front stieß plötzlich ein Engländer durch die Wolken und setzte sich direkt vor meinen Bruder. In wenigen Sekunden war der Kampf entschieden. Brennend stürzte der Engländer ab. Die Reste seines Flugzeuges fielen noch auf unserer Seite zur Erde. Durch das soeben eingenommene Frühstück hatten wir wieder neuen Mut gesammelt und zogen unsere Fliegerbekleidung an.

Die Jagdfliegerei trägt mit Recht diesen Namen, denn es ist eine richtige Jagd auf feindliche Flieger. Das Wild hat wohl seinen beständigen Wechsel, aber diesen benutzt es zu möglichst unbestimmten Zeiten. Wir hatten dieses Mal Pech. Die Engländer saßen wohl noch beim Frühstück. Ich hatte mir vorgenommen, immer fünfzig Meter neben meinem Bruder zu fliegen, denn ich sagte mir, daß ich auf diese Weise am ersten zu Schuß kommen würde. Ich hielt mich auch immer dicht an ihn heran und freute mich schon, daß es so gut ging. Ein einzelner englischer Infanterieflieger hatte die Front überflogen. Ich hatte noch genug mit meiner Maschine und allem möglichen anderen zu tun, wie das einem so die ersten Male geht, und hatte nichts von dem Engländer gesehen, dafür mein Bruder aber desto mehr. Ganz plötzlich stellte er seine Maschine auf den Kopf, ist in ganz kurzer Zeit hinter dem Engländer, und in demselben Augenblick bricht das englische Flugzeug auseinander. Mit der MG-Garbe war ihm die eine Tragfläche direkt abgesägt worden. Als ob man einen Sack mit kleinen und großen Papierfetzen ausschüttet, so sahen die Reste des Engländers aus. Das Bild sah ich mir aus einer Entfernung von etwa eintausend Metern an, obwohl ich doch so nahe an meinem Bruder hatte heranbleiben wollen. Dies war mir nicht gelungen. Wir flogen dieselben Maschinen, d.h. denselben Flugzeugtyp, mit demselben Motor, also mußte es an mir liegen.

Das schnelle Fliegen muß erst richtig gelernt werden. Man kann nämlich langsam und schnell fliegen. Man kann so langsam fliegen, daß man beinahe auf einer Stelle steht; dann muß man den Motor ganz langsam laufen und die Maschine in derselben Lage lassen; dann kommt das Flugzeug allmählich kaum noch vorwärts, dafür sackt es durch, d.h. es senkt sich allmählich, und dadurch wird die Maschine getragen. Sehr unangenehm ist in diesem Falle, daß die Steuer nicht mehr ordentlich reagieren, da ja kein Luftdruck mehr darauf ist. So eine Übung ist natürlich in niedrigen Höhen für Anfänger nicht zu empfehlen. Dies ist das langsamste Fliegen. Dann kann man immer etwas schneller fliegen bis zur normalen Geschwindigkeit. Bei der normalen Geschwindigkeit steigt eine Maschine immer noch. Wenn ich nun das Flugzeug immer mehr auf den Kopf stelle mit vollaufendem Motor, so kann ich eine erhebliche Geschwindigkeit erreichen, wenn auch nicht die doppelte, so doch einen ganz erheblichen Zuwachs. Natürlich ist das eine sehr starke Beanspruchung von Maschine und Motor. Dies muß erst gelernt sein. Es klingt sehr leicht. Ich kenne aber viele, die das nie lernen. Ich halte dies aber für wichtiger als manches andere Fliegerkunststück, z.B. den Looping. Der Looping ist mehr etwas für Zuschauer. Er sieht schön aus, hat aber für den Kampf keinen Wert. Der Zweck des Loopings ist der, sich von Laien bewundern zu lassen, und wird meistens in der Heimat oder vor Zuschauern geübt.

Nachdem so der einzige Engländer, der an der Front war, abgeschossen war, flogen wir nach Hause. Nach den Flügen unterhielt man sich naturgemäß über die soeben erlebten

Luftkämpfe. Ein sehr komisches Bild ist dabei, daß derjenige, der einen Luftkampf beschreibt, mit den Armen herumfuchtelt; er redet mit den Händen. Um uns etwas beizubringen, um zu sagen, was wir falsch und richtig gemacht hatten, folgte den Luftkämpfen meist eine Besprechung. Aber auch auf andere Weise erreichte mein Bruder sein Ziel. Als er z.B. die Staffel übernahm, befanden sich dort Wolff und Allmenröder. Die beiden hatten damals noch gar keine Erfahrung, und Anfänger haben bei einem Luftkampf mehr Angst als Vaterlandsliebe. In den ersten Tagen flog mein Bruder mit den beiden los, griff mehrere Engländer an, und seine Maschine erhielt eine Unmenge Treffer, ohne selbst Erfolg zu haben, da die beiden nicht halfen. Mein Bruder kam natürlich darüber ziemlich verärgert nach Hause, machte aber den beiden keinen Vorwurf, sondern verlor kein Wort darüber. Wie mir Wolff und Allmenröder, die sich später beide den Pour le mérite verdienten, sagten, hätte das mehr gewirkt als die größte Standpauke. Nach der Besprechung kamen für meinen Bruder die Staffelführersorgen. Zum Mittag hatten wir einen Kriegsberichterstatter bei uns. Ich weiß nicht, war Manfred mehr von seinen Kameraden oder von dem Gast als Laien bewundert. Gleich nach dem Essen wurde für gewöhnlich, soweit der Flugbetrieb es zuließ, eine halbe Stunde Nachmittagsruhe gehalten; denn in der Hauptbetriebszeit, wie sie damals war, flogen wir manchmal fünf- bis siebenmal am Tage. Um das durchhalten zu können, war Grundbedingung essen, schlafen und keinen Tropfen Alkohol.

Gegen Abend schoß mein Bruder noch einen englischen Doppelsitzer mit Gitterrumpf ab. Das Flugzeug machte noch einen normalen Gleitflug, obwohl die Insassen lange durch viele Kugeln tödlich getroffen waren. Das Flugzeug setzte aber den Gleitflug in das Dach eines Hauses fort und zertrümmerte vollständig. Da es ganz in unserer Nähe war, fuhr mein Bruder mit uns im Auto an die Absturzstelle, um Nummer des Flugzeuges und anderes festzustellen. An der Stelle angekommen, bot sich uns kein schöner Anblick. Die Hälfte des Flugzeuges hing noch auf dem Dach, die andere lag auf der Straße. Die Engländer hatten in der Nähe Bomben geworfen, so daß der Luftkampf von vielen beobachtet war, und eine Menge Feldgrauer besah sich die Trümmer des Engländers. Als wir alles festgestellt hatten, traten wir den Heimweg an. Mein Bruder war inzwischen von den Soldaten erkannt worden, und unter donnerndem Hurra verließen wir den Ort.

Letzter Flug mit Manfred

Im Frühjahr 1918 war von seiten der Engländer ein ganz lauriger Flugbetrieb. Das war schlechte Zeit zum Abschießen. Die englischen Artillerie- und Infanterieflieger, die tiefer gehen müssen, flogen nur viele Kilometer jenseits. Aufklärungsgeschwader kamen selten zu uns herüber und dann nur in unheimlichen Höhen, nie unter fünftausend Meter. Ich war gerade von einer Mittelohrentzündung geheilt wieder ins Feld gekommen und sehnte mich danach, Engländer abzuschießen. Mein Bruder war wie immer gut in Form. So warteten wir an einem schönen Vormittag, fertig angezogen zum Fliegen, auf dem Platz auf Meldungen. Es erreichte uns so gut wie gar keine. Nur dann und wann wurde ein einzelner Engländer weit jenseits gemeldet. Nachdem wir eine ganze Zeit so nutzlos gewartet hatten, flogen wir schließlich auf gut Glück los, in der Hoffnung, doch Engländer an der Front anzutreffen. Wir hatten den richtigen Riecher. An der Front angekommen, sahen wir in großer Höhe etwa zehn Engländer unserer Front zusteuern. Sie wollten die Front überfliegen, augenscheinlich um ihre Aufklärungsarbeiten zu lösen. Sobald wir ihre Höhe hatten, fünftausendfünfhundert Meter, schritten wir zum Angriff. Mein Bruder war wie immer zuerst ran, griff sich einen heraus und exerzierte nun mit ihm in die Tiefe. Der Engländer versuchte, sich durch Sturz- und Kurvenflüge seines Gegners zu entledigen. Mein Bruder immer hinter ihm her. Er zwang ihn dann mit mehreren Treffern in der Kiste bei uns zur Landung.

Den Anfang dieses Kampfes hatte ich noch beobachtet und gesehen, daß mein Bruder nur den einen Gegner hatte. In solchen Fällen braucht man nicht zu helfen. Also suchte ich mir ein eigenes Opfer heraus. Dazu eignete sich besonders ein etwa hundert Meter tiefer, mitten unter dem englischen Geschwader fliegender Feind. Ich griff ihn an. Doch so leicht sollte es mir nicht gemacht werden. Ich war meiner Staffel, die im übrigen halb so stark war wie die Engländer, etwas vorausgeflogen und wollte mich gerade hinter meinen Gegner setzen, um ihm den Garaus zu machen, als ich mich plötzlich von Flugzeugen mit englischen Kokarden umgeben sah. Von allen Seiten knallte es auf mich. Ein nicht angenehmer Augenblick. Die Engländer wollten ihren Kameraden nicht im Stich lassen und griffen mich an. Ich machte einen etwa hundert Meter langen Sturzflug, um so aus der unangenehmen Gesellschaft etwas herauszukommen. Einer von den Brüdern bekam Mut und folgte mir, die übrigen ließen von mir ab.

So, nun war der Kampf wieder gleich. In gleicher Höhe flogen wir aufeinander zu. Wir näherten uns mit reichlich vierhundert Kilometer Geschwindigkeit. Der Gegner war ein Doppelsitzer, ich war allein. Der Engländer hatte den Vorteil, daß er mit seinem Beobachter in dem Augenblick auf mich schießen konnte, wo ich an ihm vorbeiflog, während ich erst wieder kehrtmachen mußte, da ich mit meinem Kampfeinsitzer nur vornheraus in der Flugrichtung schießen konnte. Hier muß sauber gezielt werden, sonst bist du im Nachteil –. Dieser Gedanke geht mir durch den Kopf. Wir sind nicht zweihundert Meter voneinander entfernt, also bleibt nicht lange Zeit zum Schießen übrig. Bei solcher Gelegenheit sind oft für beide Teile tödliche Zusammenstöße vorgekommen. Erledige ich den Gegner nicht, bevor er heran ist, dann müssen wir uns gegenseitig ausbiegen, und dann kommt der Augenblick, in dem ich im Nachteil bin. Man schießt natürlich möglichst lange aufeinander, denn eine einzige Kugel, die man mehr herausbekommt, kann ja genügen. Im letzten Augenblick reißt man dann die Maschine herum und rechnet damit, daß der Gegner in den meisten Fällen die seinige nach der anderen Seite herumreißt. Treffe ich dagegen meinen Gegner vorher, so macht er erfahrungsgemäß eine unerwartete Wendung. Ich kann in solchem Fall unmöglich wissen, nach welcher Seite ich nun ausbiegen muß. Schon öfters habe ich einen Gegner so von vorn abgeschossen. In sausender Fahrt nähern wir uns, aufeinander schießend. Im letzten Augenblick merke ich noch, daß ich getroffen habe. Ein lichterloh brennendes Flugzeug saust auf mich zu. Ich reiße meine Maschine herum und mache eine so scharfe Kurve, daß ich zu drei Vierteln auf dem Rücken fliege. Haarscharf an mir vorbei saust das Feuermeer in Gestalt des Engländers. Der Beobachter ist aufgestanden und stiert in die Flammen. Die englische Maschine macht noch, völlig brennend, eine Kurve. Die beiden Insassen steigen unterwegs aus. Die Reste der Maschine flattern in der Luft.

Dieser Kampf ging so schnell, daß ich von demselben Geschwader noch einen abschießen und bei einem dritten helfen konnte. Bei dem zweiten hatte ich beide Insassen verwundet. Sie mußten bei uns landen. In etwa fünfzig Meter ließ sich der Kerl noch einmal abtrudeln mit seinem Doppelsitzer und fing die Maschine erst zum Landen. Abtrudeln ist ein steuerloses Abstürzen. Man kann es auch absichtlich machen, um seinen Gegner zu täuschen, der dann oft denkt, daß man wirklich erledigt ist. In diesem

Falle wollte er wohl bloß noch einen Spaß vor einer endlosen Gefangenschaft haben. Die Insassen der von meinem Bruder und mir zur Landung gezwungenen Flugzeuge sagten bei ihrer Vernehmung aus, daß sie die Brüder Richthofen an ihrer Kampfesweise erkannt hätten. Weder mein Bruder noch ich haben sie je gesehen ...

Der 21. April 1918

Berichte zum Tode Manfred von Richthofens

Heeresbericht vom 24. April 1918

Rittmeister Freiherr von Richthofen ist von der Verfolgung eines Gegners über dem Schlachtfelde an der Somme nicht zurückgekehrt.

Nach englischem Bericht ist er gefallen.

*

Major Freiherr von Richthofen, Ortskommandant in...

Zu Meiner großen Betrübnis bekomme Ich soeben vom Kommandierenden General der Luftstreitkräfte die Meldung, daß Ihr tapferer Sohn, der Rittmeister Freiherr von Richthofen, gefallen ist. Was der jugendliche Führer im Luftkampf geleistet, wird bei Mir, Meiner Armee und dem deutschen Volke unvergessen bleiben. Ich nehme herzlichen Anteil an Ihrer Trauer. Gott schenke Ihnen den Balsam seines Trostes.

Wilhelm

So oftmals bei jeder Nachricht von einem Siege Ihres Sohnes habe Ich um sein Leben gezittert, welches er dem König und Vaterlande geweiht hatte, und nun hat es Gott doch so gefügt, daß Ihr und unser aller Stolz seine Heldenlaufbahn hat beschließen müssen. Ihr Sohn steht Mir noch vor Augen in seiner Bescheidenheit und mit seinen schlichten Schilderungen, als ich im Mai vorigen Jahres die Freude hatte, ihn begrüßen zu können. Ich konnte es Mir nicht versagen, ihn vom Flugplatz in die Lüfte entschweben zu sehen. Der Herr sei mit Ihnen und den Ihrigen in Ihrem großen Schmerz. Ich hoffe, daß das Befinden Ihres zweiten Sohnes zufriedenstellend ist. A. Victoria

*

Schmerzlich bewegt von der Nachricht, daß Ihr Sohn sein Leben für das Vaterland dahingegeben hat, spreche ich Ihnen und Ihrer Frau Gemahlin mein tiefstes Beileid aus. Als Meister der deutschen Fliegerwaffe, als Vorbild für jeden deutschen Mann wird er im Gedächtnis des deutschen Volkes fortleben. Dies möge Ihnen in Ihrem Schmerze ein Trost sein. von Hindenburg

*

Der Kommandierende General richtete anläßlich des Todes des Rittmeisters Manfred Frhr. v. Richthofen an das Jagdgeschwader 1 folgenden Fernspruch:

Die Hoffnung, die wir alle hegten, daß Richthofen uns erhalten bliebe, ist nicht erfüllt. Er ist gefallen. Stärker als unsere Worte sind seine Taten. Ihm war es vergönnt, als Führer anerkannt und verehrt zu leben, als Kamerad geliebt zu werden. Nicht auf das, was er noch hätte werden können, wollen wir unsere Blicke lenken, sondern aus dem, was er war, wollen wir lebendige Kraft herleiten, Kraft, sein Andenken in Taten ständig wachzuhalten. Herzlich gedenke ich seines Jagdgeschwaders und besonders seiner Jagdstaffel 11.

Der Kommandierende General
gez. v. Hoeppner

Der letzte Kampf

A. Roy Brown, kanadischer Fliegerhauptmann, dessen Kugel Manfred von Richthofen tötete, hat über den Luftkampf, den er mit Manfred von Richthofen hatte und in dem der Deutsche fiel, folgendes erzählt:

"Ich hatte einen Schulfreund, der jetzt mit mir zusammen im selben Geschwader stand. Das war Captain May, und wir beide waren wirklich gute Freunde. Am Sonntag vormittag, den 21. April 1918, waren wir zusammen in der Luft. Auf dem Heimweg stießen wir auf eine Anzahl feindlicher Flieger. Wir gerieten in einen Kampf, und ich will es von vornherein sagen, daß ich nach wenigen Sekunden die Hoffnung aufgegeben hatte, aus diesem Ge-

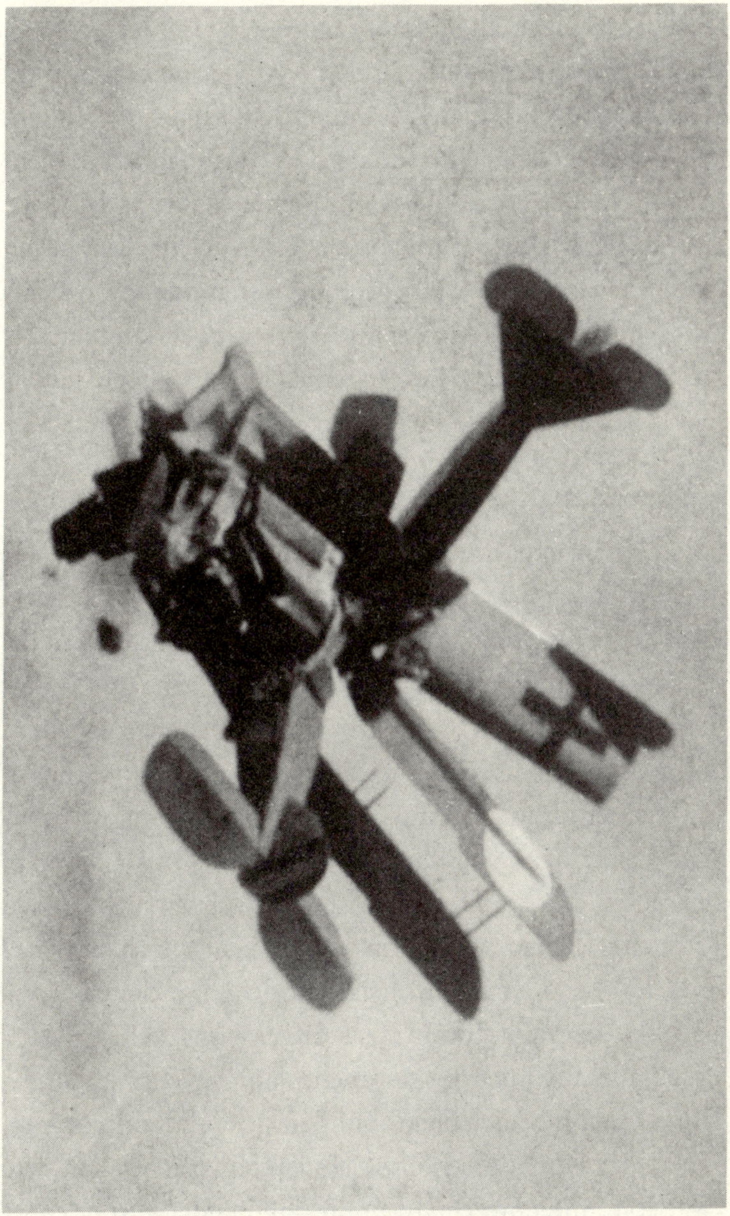

Ein erschütterndes Bild!
Die Gegner sind zusammengestoßen

fecht jemals lebendig herauszukommen. Immer aber sah ich zu meinem Freunde Captain May herüber, und mein Herz klopfte vor Freude trotz aller Bedrängnis, als ich sah, daß es May gelang, einen deutschen Flieger abzuschießen. May drehte sofort nach seinem Sieg um, um nach Hause zu fliegen. Ich hatte ihm das ans Herz gelegt, weil er ein Neuling war und weil ihn ein Kampf so mitnehmen mußte, daß es keinen Zweck hatte, danach noch lange in der Luft zu bleiben. In dem Augenblick aber, als er davonschoß, sah ich, wie ein rotes Flugzeug sich auf ihn warf. Da wurde mir übel zumute. Aber, als ich mich daran machen wollte, um ihm zu Hilfe zu kommen, da mußte ich selbst um mein Leben kämpfen, denn drei Flieger kamen auf mich los, um mich zu erdrücken, ich stand im Kreuzfeuer ihrer Gewehre. Kein Ausweg! Jedenfalls wollte ich es für sie so ungemütlich wie möglich machen! So, nur Ruhe! Ich kann mich nicht erinnern, Furcht gehabt zu haben. Sollte es das Ende sein, gut, dann wenigstens am Führersitz meiner alten Maschine! Ich begann zu manövrieren. Schoß bald hier-, bald dorthin, überschlug mich, spiralte, zickzackte, nur kein festes Ziel bieten! Ich versuchte jeden Trick, den ich kannte, einiges war mir selbst noch neu, hatte es nie vorher versucht. Leise wurde in mir der Gedanke wach, sie in einen Zusammenstoß zu verwickeln. Ich ließ sie gerade auf mich loskommen, dann machte ich einen "Immelmann", nach oben, dann zurück. Unter ihnen kam ich wieder zum Vorschein. Gerade konnte ich sehen, wie zwei von ihnen um Haaresbreite aneinander vorbeischossen. Fast wäre der Dritte gefaßt worden, hätte er nicht einen großen Bogen gemacht.

Ich hatte Zeit, Atem zu holen. Während sie sich aufrichteten, versuchte ich mich in die Höhe zu schrauben. Jetzt drehten sie und kamen wieder auf mich los. Ich hielt meinen Kurs, bis sie fast mit mir zusammenstießen, dann kippte ich nach der Seite und lag nun flach unter ihnen. Wieder entgingen sie knapp dem Zusammenstoß. Mit aller Gewalt versuchte ich, Höhe zu gewinnen. Beim Aufrichten verloren sie mich aus den Augen.

Mein erster Gedanke war: wo ist May? Angstvoll suchte ich den Himmel nach ihm ab, hoffend, ihn noch lebendig zu sehen. Endlich entdeckte ich ihn, in der Richtung auf Corbie, nördlich von mir, nach Hause fliegend.

Dann bemerkte ich, daß er verfolgt wurde. Aus dem Dunst heraus schoß ein leuchtend rotes Flugzeug hinter ihm her, in so vorteilhafter Stellung, die leicht zum Verhängnis werden konnte. Ich schraubte mich weiter hoch, um eventuell May schnelle Hilfe zu bringen. Er versuchte zu entkommen, schwenkte jetzt hierhin, jetzt dorthin, zickzackte, doch der Rote blieb unentwegt rechts hinter ihm. Sie glichen zwei Riesenhornissen, die einander jagten, vorwärts, seitwärts, wieder herum. Sie machten alle Bewegungen gemeinsam. Jede Schwenkung Mays wurde von seinem Gegner wiederholt. Noch schien May ihm nicht unterlegen zu sein.

Doch bald sah ich, wie der Deutsche an Zwischenraum gewann. Er gab alle Manöver auf, flog in gerader Linie. Er verringerte seinen Abstand zusehends. May war noch im Vorteil, gelang es ihm, sein Tempo beizubehalten, so ... Plötzlich wurde mir klar, daß er in der Falle saß. Er hatte alle Kunststücke, die er kannte, versucht, er war am Ende seines Witzes. Der rote Flieger war kaum noch hundert Fuß entfernt und lag auf der gleichen Ebene wie May; jeden Augenblick konnte er das Feuer eröffnen. Zum Glück hatte ich inzwischen dreitausend Fuß erreicht. Ich schwenkte scharf herum, drehte, richtete mich auf und dann, Kopf voran, schoß ich auf das Schwanzende des Roten zu.

Ich hatte alle Trümpfe in der Hand. War über ihm und kam von hinten. May drehte und wand sich wie ein Fisch an der Angel. Der "Rote" machte sich daran, seine erste Salve anzubringen, als der Moment für mich gekommen war!

May hatte es aufgegeben. "Das Ende", dachte er und setzte sich zurecht, den Todesstreich zu empfangen. Da hörte er mein MG. Er blickte über die Schulter. "Gottlob, Brownie!"

Als er sich wieder umsah, war der "Rote" verschwunden, über den Rand seines Flugzeuges sah er, wie er tief unten auf die Erde aufschlug.

Richthofens Ende war genau wie das seiner meisten Opfer. Er war überrascht worden, er war tot, noch bevor er sich von seiner Überraschung hatte erholen können.

Alles hatte sich so zufällig, so einfach abgespielt. Ich war herabgekommen, bis mein Vorderteil über seinem

Schwanzende stand, dann feuerte ich. Die Kugeln rissen sein Höhensteuer fort und zerfetzten den hinteren Teil des Flugzeuges. Flammen zeigten, wo die Kugeln einschlugen.

Zu kurz gezielt! Ganz sachte zog ich am Steuer ... ich hob mich ein wenig, Kriegsschulübung, jetzt kann man's. Eine volle Salve riß die Seite des Flugzeuges auf. Sein Führer drehte sich um und blickte auf. Ich sah das Aufleuchten seiner Augen hinter den großen Gläsern, dann fiel er zusammen auf den Sitz, Kugeln pfiffen um ihn. Ich stellte das Feuer ein.

Richthofen war tot. Es spielte sich alles in Sekunden ab, schneller als man es erzählen kann. Sein Flugzeug schütterte, schwankte, überschlug sich und stürzte in die Tiefe.

Die Reservegräben der Australier lagen nur dreihundert Fuß unter uns. Es war ein kurzer Absturz, May sah es, Mellersh sah es auch, und ich, als ich herumschwang.

Mellersh hatte einen Streifschuß an der Hand. Zwei Feinde waren hinter ihm her. Ich machte mich, so schnell ich konnte, daran, ihm zu helfen. Die Deutschen spiralten aus dem Kampf heraus und flogen davon. Der Kampf war vorüber, jeder hatte genug.

Müde kehrte ich nach Bertangles zurück. Die vielen Manöver hatten die Maschine sehr mitgenommen, der Propeller wollte kaum noch mittun. Doch ich erreichte den Flugplatz.

Der erste, der mich begrüßte, war May. Er rannte auf

mich zu und faßte meine Hand. "Gottlob, Brown, hast du den Roten gefaßt? Es sah bös mit mir aus, eine Sekunde später und es wäre mit mir vorbei gewesen."

Er freute sich, noch am Leben zu sein. Mit keiner Silbe wurde der Name Richthofen erwähnt. Auch ich sagte nichts. Wohl hatte ich das Gefühl, daß jener rote Kampfflieger Richthofen gewesen war, der deutsche Adler der Lüfte, doch kam mir der Gedanke, ihn besiegt zu haben, wie eine Unbescheidenheit vor.

Bald darauf setzte ich mich hin, um meinen Bericht zu schreiben. Da erwähnte ich, daß ich eine knallrote Maschine zerstört hätte. Mein Logbuch zeigte unter jenem Datum folgende Eintragung: "Trafen auf großen Schwarm feindlicher Maschinen und Albatros-Einsitzer. Drei Maschinen verfolgten mich, so daß ich mich davonmachte. Gewann Höhe. Kehrte zurück, schoß auf einen völlig roten Apparat, der May verfolgte, hinab, sandte ihn hinunter. Beobachtet von den Leutnants Mellersh und May, griff dann zwei Flieger an, die Leutnant Mellersh verfolgten. Erfolglos!"

Rrrrrrr ... rrrr, das Telefon. Der Kommandant am Apparat. Simpsons, unser Chefingenieur, ging, um zu antworten. Kam zurück!

"Mensch, Brownie! Bereite dich auf die Orden vor!"

"Wozu?"

"Der Alte sagt, der rote Flieger war Richthofen."

Fast wäre ich in Ohnmacht gefallen. Zwar hatte ich schon so ein Gefühl gehabt, daß er es gewesen war. Also doch Richthofen! Der "rote Baron", Deutschlands berühmtester Flieger!

Es war ein Ruhmestag der Abteilung. Endlich konnten wir mit dem Essen anfangen. Gerade waren wir beim letzten Gang, als Cairns, der Kommandant, eintrat. Wir salutierten, er kam auf mich zu, ernsthaft schaute er drein. Von Gratulierenwollen war nichts zu merken. Seine Stimme klang kühl:

"Also Brown, Sie behaupten, Richthofen abgeschossen zu haben?"

"Nein, keineswegs!"

"Ich dächte doch?"

"Nein, ich behaupte nur, einen rot gemalten Fokker abgeschossen zu haben. Den Piloten kenne ich nicht."

"Also, es war Richthofen! Die Sache ist aber die, daß die australische MG-Abteilung sagt, sie hätte ihn von unten abgeknallt. Außerdem ein Rapport, er wäre von einem R.E. 8 heruntergeholt worden, und dann Ihr Bericht. Es sieht übel genug aus!"

Dann nahm ich den Wagen, den der Kommandant hatte warten lassen. Ich holte ihn ab, und fort ging's ins Quartier der 11. australischen Infanterie-Brigade. Wir fuhren, ohne eine Wort zu sprechen. Cairns sprach sowieso nicht viel, und mir war die Lust zum Plaudern vergangen. Wir fanden das Zelt des Kommandeurs wohl versteckt auf einem Hügel inmitten eines Gehölzes. Ich glaube, es war irgendwo westlich von Corbie.

Wir fanden Richthofen. Man hatte ihn in der Nähe eines fliegenden Lazaretts niedergelegt. Ein paar Leute standen herum.

Der Anblick Richthofens, als ich näher trat, gab mir einen Schreck. Er erschien mir so klein, so zierlich. Er sah so freundlich aus, seine Füße waren schmal wie die einer Frau. Sie steckten in feinen Ulanenstiefeln, glänzend poliert. Eine Eleganz ging von ihnen aus, die gar nicht paßte, als sie so unter dem rauhen Fliegeranzug hervorschauten.

Man hatte seine Kappe entfernt, blondes, seidenweiches Haar, wie das eines Kindes, fiel von der breiten hohen Stirn. Sein Gesicht, besonders friedlich, hatte einen Ausdruck von Milde und Güte, von Vornehmheit.

Und plötzlich fühlte ich mich elend, unglücklich, als hätte ich ein Unrecht begangen. Kein Gefühl der Freude konnte aufkommen, daß dort Richthofen lag, der größte von allen! Schamgefühl, eine Art Ärger gegen mich selbst, ergriff mich bei dem Gedanken, daß ich ihn gezwungen, nun dort zu liegen, so ruhig, so friedvoll, ohne Leben. Diesen Menschen, der noch vor kurzem so voller Leben gewesen war.

Und in meinem Herzen verfluchte ich den Zwang, der zum Töten trieb, ich knirschte mit den Zähnen, ich verfluchte den Krieg!

Hätte ich es gekonnt, wie gerne hätte ich ihn ins Leben zurückgerufen, aber das ist etwas anderes, als ein Gewehr abschießen, ich konnte ihm nicht länger ins Gesicht sehen.

Ich ging fort, nicht als Sieger fühlte ich mich. Ein Würgen saß mir in der Kehle. Ich wartete, bis Cairns mit der

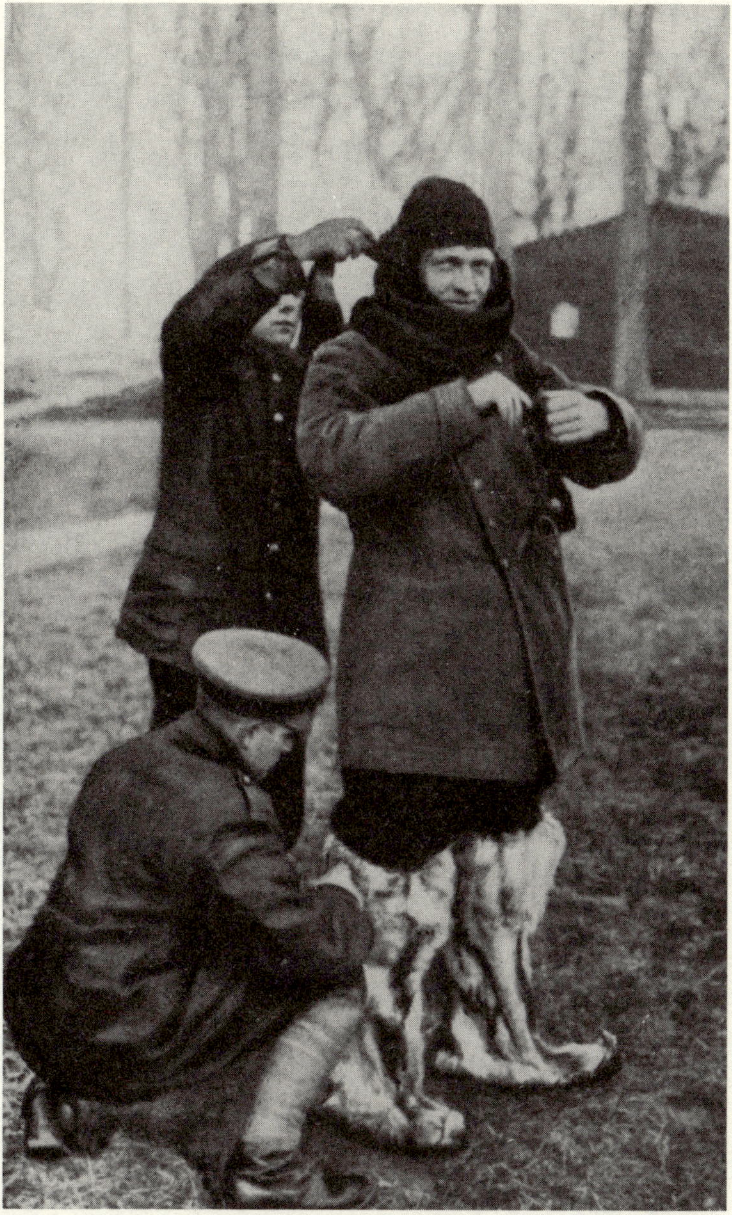

Vor dem letzten Flug

Untersuchung fertig war. Wäre es mein liebster Freund gewesen, ich hätte keinen größeren Schmerz empfinden können. Sicherlich hätte ich mich nicht so elend gefühlt, hätte ich nicht das Unglück gehabt, zu wissen, daß ich ihn getötet habe."

"Dem tapferen und würdigen Gegner"

Der Familie Richthofen ging über die Beisetzung Richthofens nach seinem Tode von englischer und amerikanischer Seite eine genaue Darstellung zu. Sie folgt hier:

Ein hohes, tiefes Zelt war ausgeräumt worden, und in der Mitte dieses Zeltes, auf einem erhöhten Podest, lag die Leiche Manfreds von Richthofen in der Uniform der 1. Ulanen, die er getragen hatte, als ihn das schwarze Los aus seinem Leben riß. Die Leinwandwände des Zeltes flatterten im Winde, und das Licht, das schwach in das Zelt drang, beleuchtete sein scharf geschnittenes, junges Gesicht.

Um fünf Uhr am Nachmittag erschollen in der Umgebung des Zeltes militärische Kommandos. Zwölf englische Soldaten, den Stahlhelm auf dem Kopf, marschierten unter Führung eines Offiziers heran und bildeten vor dem Zelt Spalier. Sechs englische Fliegeroffiziere, alles Geschwaderführer, die sich vor dem Feinde ausgezeichnet hatten, traten ins Zelt und hoben den Sarg, in dem der Tote lag, auf die Schultern. Als sie aus dem Zelt heraustraten, erscholl ein Kommando. Die Truppe, die im Spalier aufgestellt war, präsentierte das Gewehr, und so trugen die englischen Offiziere den toten feindlichen Kameraden bis zu einem Kraftwagen, der sich langsam in Bewegung setzte.

So ging der Zug bis zum Eingang eines kleinen Kriegerfriedhofes. Hier am Tor stand, das Chorhemd über der mit dem englischen Kriegskreuz geschmückten Khaki-Uniform, der englische Geistliche. Dem Sarge folgten die zwölf Mann der Trauerparade, sie hatten die Augen zu Boden gesenkt und trugen das Gewehr mit nach unten gerichtetem Lauf unter dem Arm. Und dann kamen englische Offiziere und Unteroffiziere, unter ihnen allein fünfzig Flieger, die in der Nähe lagen, und sie gingen alle schweigend und mit zu Boden gesenkten Blicken hinter dem Sarge her. Die Flieger waren alle herbeigeeilt, um dem tapferen und vornehmen Feinde die letzte Ehre zu erweisen. Sie hatten Kränze mitgebracht, sie hatten sie aus Immortellen gewunden und mit den deutschen Farben geschmückt. Einer der Offiziere aber trug einen großen Kranz, der die Inschrift hatte: "Dem Rittmeister von Richthofen, dem tapferen und würdigen Feinde", und dieser Kranz war vom Hauptquartier der britischen Luftkräfte geschickt.

Der Geistliche sprach das Totengebet. Offiziere, Unteroffiziere und Mannschaften standen um das Grab, und als der Geistliche geendet hatte, traten sie alle zurück, denn das scharfe Kommando eines englischen Offiziers ließ die Mannschaften der Trauerparade Haltung annehmen und die Gewehrläufe in die Luft reißen. Und dann krachten drei Ehrensalven über das Grab.

Auf den Sarg wurde ein Metallschild genagelt, das in deutscher und englischer Sprache die Inschrift trug: "Hier ruht Rittmeister Manfred Freiherr von Richthofen, auf dem Felde der Ehre mit 25 Jahren im Luftkampf am 21. April 1918 gefallen."

Flugzeuge mit der dreifarbigen Kokarde kreisten über dem Grab, als der Sarg langsam herabsank. Dieses Grab liegt nicht weit von Amiens. Eine Weißdornhecke, die immer vom Winde gepeitscht wird, wirft ihren Schatten auf die Stätte, an der Manfred von Richthofen zum letzten Schlaf gebettet wurde.

Heimkehr

von Bolko Freiherr von Richthofen

Heimkehr

Mitte des Jahres 1925 entschloß sich unsere Familie, die sterblichen Reste von Manfred v. Richthofen nach Deutschland zu überführen und in heimatlicher Erde zu bestatten. Zunächst war beabsichtigt, Manfreds Sarg neben dem Grabe seines Vaters und seines Bruders Lothar auf dem Schweidnitzer Friedhof zu betten. Aber maßgebende Behörden des Deutschen Reichs, vor allem das Reichswehrministerium und die fliegerischen Organisationen, sprachen den dringenden Wunsch aus, Manfreds Leiche möge auf dem Invalidenfriedhof zu Berlin, auf dem schon so viele deutsche Helden und Feldherren ihre ewige Ruhe gefunden haben, die letzte Statt bereitet werden. Dem stimmte die Familie in der Erkenntnis zu, daß das Andenken und die Erinnerung an Manfred nicht ihr allein, sondern dem ganzen deutschen Volke gehöre. Die erforderlichen und recht zeitraubenden Verhandlungen mit den französischen Behörden wurden in die Wege geleitet, und Mitte November fuhr ich nach Frankreich dem Orte zu, wo sich Manfreds Grab befand. Es war dies nicht das ursprüngliche, denn seine Leiche war erst nach dem Kriege nach Fricourt, einem kleinen, acht Kilometer von dem einst so heiß umkämpften Albert gelegenen Dorfe, verbracht worden, wo sich ein deutscher Gefallenen-Friedhof befindet.

Von der zuständigen Behörde war mir ein Herr namens Lienhard beigegeben worden, dem in erster Linie die Erledigung der notwendigen Formalitäten mit den französischen Instanzen und die Leitung der Exhumierung oblag. Es war am 14. November 1925, als ich, von Amiens kommend, mich in Albert mit Monsieur Lienhard traf. Ich fand diesen sehr umsichtigen und eifrigen Herrn in ziemlicher Erregung, da die französischen Behörden, obwohl sie rechtzeitig von der Exhumierung unterrichtet worden waren, sich leider zunächst um nichts bekümmert hatten. Nach einigem Suchen gelang es uns, einen alten Herrn zu finden, der im Kriege Unteroffizier gewesen war und nun die Stelle eines Friedhofverwalters bekleidete. Wir nahmen ihn mit in unser Auto und gelangten zu dritt alsbald nach Fricourt. Der dortige deutsche Gefallenen-Friedhof bot ein wahrhaft erschütterndes Bild, und der Eindruck, den ich bei seinem Anblick gewann, läßt sich in Worten schwer wiedergeben. Nach den Angaben des uns begleitenden Friedhofverwalters liegen dort etwa sechstausend deutsche Soldaten in Einzelgräbern und etwa zwölftausend in einem einzigen gewaltigen Massengrab. Kein grünendes Blatt, geschweige denn irgendein Kranz gibt dieser traurigen und ergreifenden Stätte einen etwas freundlicheren Charakter. Nur auf dem Massengrab lag ein schlichter Blechkranz, den vielleicht ein altes Mütterchen dem Andenken ihres mit Tausenden von Kameraden dort ruhenden, für das Vaterland gefallenen Sohnes gewidmet hatte. Aus dreißig verschiedenen Friedhöfen sind hierher die Leichen deutscher Helden in den ersten Jahren nach dem Kriege zusammengetragen worden. Allerdings mag damals die Anlage des Friedhofes noch nicht die endgültige gewesen sein. Inzwischen wird sich der Volksbund für deutsche Kriegsgräberfürsorge wohl auch dieser Ruhestätte toter Krieger angenommen haben, und er bietet heute hoffentlich einen freundlicheren und schöneren Anblick.

Auch auf dem Friedhof von Fricourt selbst war für die Exhumierung noch nichts vorbereitet. Wir mußten die einzelnen Arbeiter herbeiholen, und es dauerte fast drei Stunden, bis die Ausgrabung selbst vorgenommen werden konnte. Wir fanden eine Zinkplatte, auf der Namen und Todesdatum Manfreds in englischer und deutscher Sprache verzeichnet war. Diese Platte war seinerzeit von den Engländern, die ihn zur ersten Ruhe beigesetzt hatten, an dem Sarge befestigt worden. Jetzt befindet sie sich im Besitz meiner Mutter in Schweidnitz. Nachdem die Umbettung von allem, was an Manfred sterblich war, in den von uns mitgebrachten Zinksarg vollzogen war, brachten wir

Der Feind ehrt den toten Gegner
Ehrensalve über das Grab Richthofens

diesen nach Albert, wo die Verladung auf der Bahn nach Kehl an die deutsch-französische Grenze unter Leitung der zuständigen französischen Behörden erfolgte.

Es war am Montag, dem 16. November, um Mitternacht, als eine französische Lokomotive der französischen Nordbahn nur mit einem Kohlentender und einem Güterwagen ganz langsam über die Kehler Rheinbrücke rollte. Pfeifensignale schrillten, und als der kleine Zug in den deutschen Bahnhof einlief, nahmen die wenigen dort amtierenden Eisenbahner ergriffen ihre Mützen ab. Manfreds irdische Reste hatten die Heimat erreicht. Am nächsten Morgen wurde die aus rohen Brettern gezimmerte Sargkiste in einen Gepäckwagen der deutschen Reichsbahn gehoben und dort unter Tannenreisern und Blumen aufgebahrt. Der ganze Dienstag verging mit Verhandlungen zwischen den deutschen Behörden in Kehl und dem französischen Besatzungskommandanten, der sich nicht entschließen wollte, die Genehmigung zu einer patriotischen Feier auf dem Bahnhof am Sarge Manfreds zu geben. Aber er hatte wohl doch die Intentionen seiner vorgesetzten Stelle nicht ganz richtig beurteilt, und in früher Abendstunde gab das Besatzungskommando die Genehmigung zu einer entsprechenden Feier. Alle Glocken der kleinen badischen Stadt begannen zu läuten, die Feuerwehr wurde alarmiert, was nur an Fackeln aufzutreiben war, wurde angezündet, und so zog die Bevölkerung, wohl vom ältesten Greis bis zum jüngsten Kind, das schon eben laufen konnte, herbei, um Manfreds Leiche auf deutscher

Erde ehrfurchtsvoll zu grüßen. Am Mittwoch um sechs Uhr früh wurde der Wagen von Kehl nach Appenweiler geleitet und dort an den fahrplanmäßigen Frankfurter D-Zug angehängt. Von nun an bis Berlin gestaltete sich Manfreds letzte Reise zu einer Triumphfahrt durch Deutschlands schönste Gaue, wie sie kaum jemals ihresgleichen finden dürfte. Überall läuteten die Glocken in den Städten und Dörfern und senkten sich die Fahnen, Flugzeuge geleiteten den Zug, und dem Wunsche der Bevölkerung gemäß blieben die Türen des Gepäckwagens, in dem Jagdflieger des alten Heeres die Totenwache hielten, geöffnet, damit die an den Bahndämmen in Massen erwartungsvoll stehenden Männer, Frauen und Kinder den Sarg wenigstens im Vorüberfahren sehen konnten. Wo der Zug hielt, in Baden-Oos, Rastatt, Karlsruhe, Durlach, Bruchsal, Heidelberg, überall standen Behörden und Vereine auf dem Bahnhof, vaterländische Lieder grüßten den Sarg. Und keinen Unterschied gab es zwischen den Parteien und Bünden. Alle waren erschienen, um in seltener Eintracht den heimkehrenden toten Helden zu ehren. Die Kränze häuften sich zu Bergen, und zwischen ihnen lagen kleine Sträußchen und einzelne Blumen; denn auch die, die nur wenige Pfennige auszugeben vermochten, haben es sich nicht nehmen lassen, ihrer Dankbarkeit und Verehrung für den großen Kampfflieger Ausdruck zu geben. Deutlich fühlten wir, die wir Manfreds Leiche das Geleit geben durften, wie das Volk verstanden hatte, daß seiner Heimfahrt ins Vaterland eine symbolische Bedeutung zukam.

Nicht alle die Hunderttausende, die ihr Leben für Deutschland gelassen und in fremder Erde ihre letzte Ruhestätte gefunden haben, konnten in die Heimat geführt werden. Und so mochten die zur Begrüßung unsres toten Manfred zusammengeströmten Volksmassen in ihm wohl das Sinnbild aufopfernden deutschen Heldentums erblikken und in ihm die Söhne und Brüder ehren, die sie selbst für das Vaterland dahingegeben hatten.

Am Mittwoch, dem 18. November, abends nach zehn Uhr, traf der Zug in Berlin ein. Auf dem Potsdamer Bahnhof fand ein feierlicher Empfang statt, bei dem die Vertreter des Ringes der Flieger und der Traditionskompanie vertreten waren. Angehörige des 1. Ulanen-Regiments, in dem Manfred gedient hatte, trugen den Sarg zum Leichenauto, das ihn weiter nach der Gnadenkirche in der Invalidenstraße führte. Auf dem Potsdamer Platz, der polizeilich hatte abgesperrt werden müssen, war eine gewaltige Menschenmenge versammelt, die den Trauerzug schweigend und entblößten Hauptes passieren ließ. Am Donnerstagvormittag fand die Aufbahrung in der Gnadenkirche statt. Nun war der Zinksarg in einen brauen Eichensarg gebettet worden, Degen und Ulanen-Tschapka lagen auf dem Sarg. Vor dem Sarge stand das Holzkreuz, das Manfreds Grab in Fricourt gekennzeichnet hatte. Es trug nur seinen Namen und die Zahl 53091. Die Ehrenwache hielten ehemalige Offiziere seines Jagdgeschwaders und des 1. Ulanen-Regiments. In ununterbrochener Reihenfolge zog den ganzen Tag Berlins Bevölkerung am Sarge vorüber.

Hindenburg bei Richthofens Beisetzung
auf dem Invalidenfriedhof in Berlin

Am Nachmittag des 20. November fand die Beisetzung statt. Schon zur Mittagszeit begann die Wanderung der Menschenmassen. Dann kam der Reichspräsident von Hindenburg, den meine Mutter und ich begrüßten. Mit ihm erschien der Reichskanzler Luther, der Reichswehrminister Dr. Geßler, General von Seeckt an der Spitze der ganzen Berliner Generalität und Admiral Zenker mit den Offizieren der Marine. Die Feier in der Kirche war würdig und kurz. Dann hoben acht Flieger, Ritter des Ordens Pour le mérite, den Sarg auf die vom 2. Preußischen Artillerie-Regiment gestellte Lafette. Eine Kompanie des Wachtregiments setzte sich an die Spitze, und unter dumpfen Trommelwirbeln ging der Zug auf der von ungezählten Vereinen gesäumten Straße zum Invalidenfriedhof. Ein früherer Regimentskamerad, jetzt Reichswehroffizier, trug dem Sarg die Fülle der Kriegsorden voran, die Manfred in seinem Leben verliehen worden waren. Über dem Friedhof kreisten die Flugzeuge mit schwarzen Wimpeln, und dreimal feuerte die Ehrenkompanie den letzten Salut. Während die Reichswehrkapelle das Lied vom guten Kameraden spielte, sank der Sarg in die Tiefe. Der Reichswehrminister sprach die Worte:

"Wenn wir Manfred von Richthofens sterbliche Überreste der Erde zurückgeben, legen wir zugleich das Gelöbnis ab, daß wir in Glauben und Hoffen unserem Vaterlande gehören, für das er gefallen ist."

Unter den unzähligen Teilnehmern dieser Trauerfeier wird es niemanden gegeben haben, der diesen Worten nicht aus innerster Seele zugestimmt hätte. So hat Manfred in der Mitte der Reichshauptstadt seine letzte, bleibende Ruhestätte gefunden. Wie sehr aber sein Andenken im Herzen des Volkes fortlebt, das zeigen die Tausend und aber Tausende von Volksgenossen, die jahraus, jahrein, vor allem an Sonn- und Feiertagen, auch heute noch in ungeminderter Zahl sein Grab besuchen und trauernd und nachdenklich, zugleich aber von vaterländischem Stolz erfüllt, sich im Geiste vor den Manen des ritterlichen deutschen Helden der Lüfte neigen.

Die sterblichen Überreste von Manfred von Richthofen wurden 1975 in die Familiengrabstätte in Wiesbaden umgebettet.

Inhalt